Brigitte Baslé / Nele Maar

Alte Rituale – Neue Rituale

Brigitte Baslé / Nele Maar

Alte Rituale –
Neue Rituale

Geborgenheit und Halt im
Familienalltag

Herder
Freiburg · Basel · Wien

Inhalt

Einleitung

Für dieses Buch haben wir Personen aus verschiedenen Generationen befragt: Junge Leute, die von ihrer Kindheit erzählten, Eltern von kleinen Kindern und von Jugendlichen und auch Ältere, die nicht nur ihre eigene Kindheit und Jugend, sondern auch die ihrer Kinder längst hinter sich haben.

Wir wollten wissen, welche Bedeutung Rituale für ihr Leben haben oder früher hatten, welche sie zu welcher Zeit praktizierten oder praktizieren, an welche sie sich gern und an welche sie sich weniger gern erinnern; was ihnen gefehlt hätte, wenn sie diese Rituale nicht gehabt hätten; was aus den Ritualen ihrer Kindheit geworden ist, als sie mit ihren Partnern zusammengekommen sind und eine Familie gründeten, und ob sie auch irgendwann Rituale vermißt haben.

Bei den Gesprächen ist uns aufgefallen, daß die Schilderungen der Rituale aus der Kindheit bei den Befragten häufig sehr starke Gefühle ausgelöst haben. Wir haben gemerkt, daß der Wert oder die Wirkung eines Rituals sich daran zeigt, wie es später erinnert wird, welche Gefühle daran geknüpft sind, wenn sie daran denkt: ob sie sich wertvoll und angenommen, behütet und geborgen, aufgehoben und am richtigen Platz fühlt oder ob ganz andere Gefühle durch diese Erinnerungen wachgerufen werden: das Gefühl, nichts wert zu sein, nicht wichtig, nicht richtig oder lästig zu sein. Wie man sich selbst als Person in der Kindheit wahrnimmt, bildet die Grundierung, den Grundton des Selbstgefühls der erwachsenen Person. Auf diesen Gefühlen und Selbstbewertungen baut sich das spätere Selbstgefühl auf.

Im Laufe unserer Gespräche sind uns zwei Gesichtspunkte besonders wichtig geworden.

Zum einen: Was wird in Ritualen vermittelt, was sagen sie aus über das Klima in der Familie, über Respekt und Toleranz, über Einstellungen, Werte und Weltanschauungen, über Hierarchien: Wer hat was zu sagen, wie sind die Rollen verteilt?

Zum anderen: Wie schaffen es zwei Menschen, die zusammenkommen und eine Familie gründen, die unterschiedlichen Rituale und Gewohnheiten, die sie aus ihren Ursprungsfamilien mitbringen, unter einen Hut zu bringen?

Viele der Texte könnten an mehreren Stellen unseres Buches ihren Platz haben. Das liegt an der Vieldeutigkeit der Rituale, auf die wir noch zu sprechen kommen werden. Wir haben durch die Plazierung den Schwerpunkt auf den Aspekt gelegt, dem das Kapitel gewidmet ist.

Über Rituale, Regeln und Gewohnheiten

Die erste Frage, die wir unseren Gesprächspartnern stellten, war: Was fällt Ihnen zu dem Begriff „Ritual" ein?

Zum Wort „Ritual" sind mir spontan nur Gedanken an Schwarze in Afrika, Indianer und andere Naturvölker eingefallen. Dann dachte ich allerdings gleich, daß auch wir mitten in Ritualen leben, gegen sie ankämpfen, uns an sie erinnern, sie vermissen. Man glaubt, daß sie einem nichts mehr bedeuten, aber vielleicht stimmt das nicht.

(Heinrich, 70)

Spontan fällt mir Afrika ein, weil ich dort war und ein Initiationsritual für zwei Mädchen erlebt habe. Es war so eine Feier mit festen Abläufen, die von allen geteilt werden, wo jeder weiß, was kommen wird, wo es wenig Spielraum gibt, aber wo alle trotzdem oder vielleicht gerade deswegen intensiv dabei sind. Es hat mich sehr gerührt.

(Iris, 30)

Also, das erste, was mir dazu einfällt,
ist Ritualmord.

(Thomas, 28)

Daß die meisten das Wort „Ritual" spontan mit der Frühzeit der Menschheit und mit den Kulturen von Naturvölkern verbinden, ist nicht verwunderlich, denn Rituale begleiten die Menschen von Anbeginn, sie sind so alt wie die Menschheit selbst.

Die ersten Menschen erfanden Rituale gegen die Angst. Sie glaubten, die Götter, die sie für Naturereignisse verantwortlich machten, durch Beschwörung und Opferrituale beschwichtigen zu können. Das magische Zeremoniell schuf eine Verbindung zu den Gottheiten und zu den übernatürlichen Mächten; die gemeinsame Teilnahme am Ritual stärkte zugleich das Gemeinschaftsgefühl. Das war besonders wichtig in einer Zeit, in der das Überleben vom Zusammenhalt der Gemeinschaft abhing.

Als wir weiter fragten, wo Rituale in unserer heutigen Gesellschaft zu finden seien, kamen den Befragten beispielsweise Rituale der Hooligans, der Skinheads, der Politiker, der Deutschen in Amerika in den Sinn: Rituale, welche die Zusammengehörigkeit und die gemeinsame Identität einer Gruppe zum Ausdruck bringen.

Und natürlich die Religion, bei der das Zeremonielle eine besondere Rolle spielt.

Die spontane Assoziation zu „Ritual"
ist natürlich die Verwendung von Riten
in der Religion, die notwendig sind, eine

Gemeinschaft zu verbinden durch sym-
bolische Handlungen. Das trifft auch für
Militär, Partei, Studentenverbindung,
Freimaurer, Rotarier, Lions Club usw.
usw. zu.

(Franziska, 79)

Bei dem Wort Ritual fällt mir spontan
ein: Religion, Spiritualität, Handlung,
Geste als Symbol für etwas anderes, et-
was Überpersönliches. Rituale weisen
auf etwas hin, auf eine andere, eine
höhere Dimension.

(Monika, 76)

Gefragt nach den Ritualen, die sie persönlich kennen
und erlebt haben, fällt den meisten sofort ein: Weihnachten, Ostereier suchen, Taufe, Hochzeit, Beerdigung, Geburtstag, Muttertag, Tischgebet, Gute-Nacht-
Geschichten, die Sprüche der Oma: Feste, die zu den
Traditionen unseres Kulturkreises gehören, Feste, die
die Wendepunkte und Veränderungen im Lebenslauf
des einzelnen markieren und die Geschichte der Familie festschreiben, Handlungen, die auf immer gleiche
Art im Alltag wiederkehren und ihren festen Platz haben, Besonderheiten, an die man sich später gerne erinnert.

Um diese Rituale soll es hier gehen. Wir wollen zeigen, wie sie den Alltag und das Leben der Familie begleiten und gestalten und welche Bedeutung sie sowohl
für die Familie als auch für den Einzelnen haben.

Zunächst aber wollen wir den Versuch unternehmen, einige Unterscheidungsmerkmale zwischen Regeln, Ritualen und Gewohnheiten herauszufinden.

Dazu sei uns zunächst ein Exkurs über das menschliche Gehirn erlaubt:

Unser Gehirn besteht aus zwei identischen Hälften. Obwohl sie gleich aussehen, funktionieren sie auf unterschiedliche Art und Weise.

Die linke Gehirnhälfte arbeitet digital, d. h. wie ein Computer, sie verarbeitet einen Reiz oder eine Information nach der anderen. Sie ist zuständig für das Rechnen, das logische Denken und vor allem für die Sprache. Nur die linke Hemisphäre ist fähig, ihre Gedanken in Worte zu fassen.

Bekannt ist die Geschichte eines Schäfers, der durch einen Unfall eine Verletzung der linken Gehirnhälfte erlitten hatte. Danach konnte er nicht mehr zählen, wußte aber trotzdem genau, wenn ein Schaf seiner Herde fehlte. Er konnte ein Lied singen, obwohl ihm die einzelnen Worte, die in dem Lied vorkamen, nicht verfügbar waren.

Die Erklärung dafür ist, daß sowohl die Gesamtheit seiner Schafe als auch das Lied als Ganzes in seiner unverletzten rechten Hemisphäre gespeichert waren.

Denn die rechte Hemisphäre arbeitet ganzheitlich und analog, d. h., sie nimmt mehrere Reize gleichzeitig auf und verknüpft sie miteinander. Sie ist für das Denken in Bildern, das Erfassen von Zusammenhängen, für assoziatives Denken, für Musik, Gefühle, Geräusche und Gerüche zuständig. Das Aufnehmen der Atmosphäre eines Raumes mit seinen Farben, Gerüchen, Lichtverhältnissen, Geräuschen, Bildern und den Empfindungen von Wärme und Kälte und der Weichheit oder Härte des Sofas, der Temperatur des Weines und dem Geschmack des Pfirsichs ist eine Leistung des rechten Gehirns.

Es kann sein, daß der Geschmack eines Gebäcks Erinnerungen an frühe Kindheitserlebnisse hervorruft, von denen man nicht einmal ahnen muß, daß man sie hat. Denn die Erfahrungen, die unsere rechte Gehirnhälfte gespeichert hat und die alle unsere Sinne umfassen, sind nicht unmittelbar in unserem sprachlichen Bewußtsein präsent. Sie können durch eine sinnliche Erinnerung in die linke Hälfte überführt und dadurch sprachlich verfügbar werden. Mit anderen Worten: Wir haben zweierlei Wissen, ein bewußtes, das in Worten repräsentiert ist, und eines aus Erfahrung, das sich aus Bildern, Eindrücken und Sinneswahrnehmungen zusammensetzt und das nur schwer in Worte zu fassen ist. Dieses erfahrene Wissen beeinflußt unser Fühlen, Denken und Handeln, ohne daß uns das bewußt ist und wahrscheinlich mehr als wir es vermuten.

Mein Lieblingsessen, das ich mir immer am Geburtstag gewünscht habe: Es gab so ein Bild für mich, das war sozusagen die lukullische Erfüllung: Das war eine rote Wurst, ein hart gekochtes Ei und ein Apfel. Daran knüpfe ich auch Farben ... Das war für mich Wohlstand.

(Norbert, 48)

Ich erinnere mich, es gab typische Samstagsgerüche und Samstagsgeräusche: der Rasen wurde gemäht, die Männer haben Autos gewaschen und im Radio Sport dabei gehört ... die Mutter hat das Haus geputzt und die Treppe runtergewischt ... Ich bin ganz oft durchs Dorf gefahren, die Straße wurde gekehrt ... und das war irgendwie schön.

(Nicole, 38)

Samstagabend gab's immer Pfefferminztee zum Abendessen. Wir haben warm gegessen, weil der Papa zu Hause war. Während des Essens ist das Radio gelaufen, es war immer Fußball dran. Es hat sauber gerochen nach Bohnerwachs. Wir waren frisch gebadet, das hat mir gut gefallen.

(Katharina, 44)

Rituale sind rechtsseitig: Sie sind *vielschichtig* und *mehrdeutig*. Sie sind daher schwer in ihrer Komplexität mit Worten zu beschreiben. Sie sind mit Gefühlen verbunden und werden von allen unseren Sinnen aufgenommen. Sie hinterlassen Spuren in unserer rechten Gehirnhälfte und dadurch, daß sie sich immer auf die gleiche Art *wiederholen*, sind diese Spuren besonders tief. Sie bündeln Erinnerungen, sie verdichten die Erlebnisse zu der einen Erinnerung: „So war es immer bei uns."

Regeln sind linksseitig, das heißt eindimensional und eindeutig. Sie sind leicht in Worten zu formulieren.

Ihre Bedeutung liegt allein in ihrer Funktion: Sie dienen der Vereinfachung, Strukturierung, Organisation des Alltagslebens.

> *Als ich 15 war, durfte ich nur am Wochenende ausgehen und mußte um zwölf Uhr zu Hause sein. Es war dann aber immer so, daß meine Mutter, die damals schon mit mir alleine lebte – mein Vater war ausgezogen –, solche Angst um mich hatte, daß sie bereits zehn Minuten nach zwölf in der Disco stand, um mich abzuholen, wenn ich nicht Punkt zwölf zu Hause war. Meine Clique hat mich damit ziemlich aufgezogen. Und jedesmal im Auto gab es dann die gleiche Diskussion. Ich muß sagen, das ganze Ritual hat mir ganz schön gestunken.*
>
> *(Julia, 25)*

Die Regel bestand darin: „Um zwölf Uhr bist du zu Hause." Es wurde daraus das Ritual, daß die Mutter bei jeder Verspätung Angst bekam und in die Disco fuhr, daß sie in die Clique reinplatzte und sich die Tochter blamiert fühlte, daß sie mit dem Auto nach Hause fuhren und es jedesmal die gleiche Diskussion gab. Es wird an dem Beispiel nicht nur die Vielschichtigkeit des Rituals deutlich, sondern auch die Mehrdeutigkeit der Gefühle, die darin zum Ausdruck kommen: obwohl die

Tochter nur davon gesprochen hat, wie sehr ihr das „ganze Ritual gestunken" hat, bleibt völlig offen, ob sie sich deshalb geärgert hat, weil die Clique sich über sie lustig gemacht hat oder weil sie sich von der Mutter zu stark kontrolliert fühlte oder ob möglicherweise auch noch andere Gefühle eine Rolle gespielt haben. Hat sie das Ritual vielleicht auch deshalb in Kauf genommen, weil sie daran gespürt hat, wie wichtig sie der Mutter ist?

In einem Ritual können ambivalente, das heißt gleichzeitig angenehme und unangenehme Gefühle nebeneinander bestehen.

> *Die Mutter mußte mehrmals kommen und mich wecken. Sie hat immer Druck gemacht: „jetzt aber aufstehen" und das ein paar Mal hintereinander, immer mehr Druck. Aber das habe ich natürlich auch sehr genossen: erst nochmal rumdrehen, jeden Morgen das ewige Spiel. Das habe ich geliebt. Eigentlich habe ich es gehaßt, daß ich aufstehen muß.*
>
> (Norbert, 48)

Ritual und Gewohnheit haben einiges gemeinsam und sind oft schwer voneinander abzugrenzen, die Übergänge sind fließend. Sowohl Alltagsrituale als auch Gewohnheiten sind *Handlungsabläufe*, die *gleichbleibend, vorhersagbar, wiederkehrend* sind. Was beide voneinander unterscheidet ist allein der Bedeutungsgehalt.

Mein Opa schnitt das Brot immer mit seinem Taschenmesser ...

Das ist eine Gewohnheit

Bevor er ein neues Brot anschnitt, machte er mit der Messerspitze auf die glatte Unterseite des Brotlaibes drei Kreuze untereinander.

(Philipp, 61)

Das ist ein Ritual. Durch die *symbolische Geste* bekommt die Handlung eine *Bedeutung*, die über das rein Funktionale hinausgeht. Es ist nicht notwendig, das Brot zu segnen, um es essen zu können. Es kann bedeuten: Er ist katholisch und bekennt sich dazu, er zeigt seine Dankbarkeit, sein Vater hat es auch immer so gemacht ...

Die Unterscheidung zwischen Ritual, Regel und Gewohnheit ist schwieriger, wenn die Bedeutung nicht in einem Symbol oder einer symbolischen Geste zum Ausdruck kommt, sondern nur dadurch, daß Gefühle beteiligt sind und so eine emotionale Bedeutung entsteht.

Wir hatten sehr schwere Zeiten am Anfang, mein Sohn und ich. Wir waren unausgeglichen, er war bockig. Ich habe ihn manchmal gehaßt und war unglücklich darüber. Und dann habe ich angefangen, mir einfach mal abends

eine halbe Stunde Zeit für ihn zu neh-
men und in der Zeit alles andere fallen
zu lassen. Diese Zeit, um Punkt halb
sieben, er hat sie schon gekannt. Er hat
gesagt: „jetzt" und dann habe ich ihm
vorgelesen. Es gab diese halbe Stunde
nur für uns. Es hat keine Woche ge-
dauert, bis ich die Auswirkungen ge-
merkt habe. Auf einmal haben wir uns
wieder vertragen. Und deswegen habe
ich dieses Ritual ganz rigoros einge-
halten.

(Katharina, 44; Sohn, 8)

Man kann vielleicht darüber streiten, ob diese halbe
Stunde am Abend im wissenschaftlichen Sinn als Ritual zu bezeichnen ist. Es ist aber auch nicht unser
Ziel, die Frage zu beantworten, wo genau Ritual anfängt und Gewohnheit oder Regel aufhört. Für uns ist
diese halbe Stunde ein Ritual, weil sie für beide, sowohl
für die Mutter als auch für den Sohn, eine feste Einrichtung geworden ist, die immer auf eine ganz bestimmte Art abläuft und die für beide eine emotionale
Bedeutung gewonnen hat. Im übrigen haben wir uns
dafür entschieden, das als Ritual zu nehmen, was die
Befragten selbst so genannt haben und was für sie offensichtlich bedeutsam war. Unser Interesse gilt vor allem dem, was durch wiederholtes Handeln, durch Symbole, also auf einer nicht-sprachlichen Ebene, in
Familien ausgesagt und vermittelt wird, und dem, wie
es sich auswirkt.

In der Regel werden Gewohnheiten zu Ritualen, wenn sie in einer besonderen Weise zelebriert werden oder eine emotionale Bedeutung erlangen.

Warum Rituale abgelehnt werden

Obwohl man Rituale ablehnt, ihnen entflieht, weil man sie als bürgerlichen Zwang empfindet und weil sie – zumindest die religiösen – sinnentleert und zu spießigen Veranstaltungen wurden, begreift man im Laufe des Lebens immer mehr, daß sie Sinn haben, dem einzelnen und der Gemeinschaft helfen, daß sie ein wichtiger Teil der Kultur sind. Aber wir haben fast alle verloren, und ich glaube wir spüren das als wichtigen Mangel.

(Heinrich, 70)

Was Heinrich hier zum Ausdruck bringt, spiegelt die Gefühle vieler Menschen nicht nur seiner Generation wider.

Durch die Greuel der Nazizeit und des Zweiten Weltkrieges sowie durch die gesellschaftlichen Veränderungen danach waren verbindliche Werte erschüttert und verloren gegangen. Die Macht der Rituale war im Dritten Reich in hohem Maße benutzt und mißbraucht worden: die Macht, die darin besteht, daß Rituale den Wunsch nach Gemeinschaft und Zugehörigkeit befriedigen und gleichzeitig dem Einzelnen die Verantwortung für sein Handeln abnehmen.

Auch die Familienrituale, welche die traditionelle Rollenverteilung von Mann und Frau und die patriarchale Struktur der Familie manifestierten, konnten so nicht aufrechterhalten werden, nachdem die Frauen während des Krieges ihr Leben ohne ihre Männer gemeistert hatten.

Viele Menschen wandten sich von den Kirchen ab und hörten auf, an religiösen Feierlichkeiten teilzunehmen, die früher selbstverständlicher Bestandteil ihres Lebens waren.

Diese Entwicklungen fanden ihren Höhepunkt in der Studentenbewegung von 1968, in der alles, was mit Hierarchien, Traditionen und gesellschaftlichen Formen zu tun hatte, als reaktionär abgelehnt und als „bürgerlicher Scheiß" verunglimpft wurde.

Abgesehen von den gesellschaftlichen Strömungen gibt es im Leben des einzelnen entwicklungsbedingte Phasen, in denen das Bedürfnis nach Abgrenzung und Selbstbestimmung in einer Antihaltung gegen die Rituale der Familie oder auch die der Erwachsenenwelt zum Ausdruck kommen kann.

In dieser Lücke bieten die Rituale der Jugendkulturen einen Rahmen für den Wunsch der Jugendlichen nach Zugehörigkeit und Gemeinschaft.

Grundsätzlich werden Rituale abgelehnt, weil sie den Werten und Bedürfnissen der Beteiligten nicht oder nicht mehr entsprechen, zu rigide sind und ihren ursprünglichen Sinn verloren haben.

Umgekehrt formuliert: Rituale werden dann positiv erlebt, wenn sie allein durch die Freude oder Befriedigung, die die Beteiligten in ihrer Wiederholung finden, aufrechterhalten werden und sich flexibel den sich verändernden Bedingungen anpassen.

Eine massive Stimmung gegen alles Traditionelle

Ich erinnere mich, daß ich Weihnachten eigentlich gern so gefeiert hätte wie bei uns zu Hause, als ich klein war, mit Weihnachtsbaum, Kerzen, Weihnachtsliedern und all dem. Ich fand das immer sehr schön und hatte auch nur schöne Erinnerungen an Weihnachten. Aber damals, Ende der Sechziger, gab es so eine massive Stimmung gegen alles Traditionelle. Ich war auch sicher, daß Eberhard das überhaupt nicht gemocht hätte, und ich habe gar nicht erst versucht, mich gegen ihn durchzusetzen. Ich weiß noch, als wir einmal Freunde oder Bekannte zu Besuch hatten, hatte ich den Tisch besonders schön gedeckt, mit Blumen und so, und wurde daraufhin von einigen als bürgerlich und reaktionär geradezu verhöhnt.

(Carola, 57)

An den Bedürfnissen der Kinder vorbei

Am Samstag war obligatorischer Badetag und am Sonntag wurden die Kinder rausgeputzt, alle Mädchen bekamen Dirndl an. Das ging völlig an den Bedürfnissen der Kinder vorbei. Es wurde auch nie reflektiert, warum man das macht, auch warum man den Sonntag

23

geschlossen mit der Familie verbringen muß und daß zum Beispiel der Weiße Sonntag eigentlich der Tag des Kindes ist. Ich habe das ganz stark gemerkt, als ich die Konvention durchbrochen habe und meine Tochter das weiße Kleid ausgezogen und mit den Kindern im Garten gespielt hat. Das war für die Leute ganz entsetzlich, weil man ja an dem Tag so herumzulaufen hat und sich möglichst nicht schmutzig machen soll. Das sind Rituale, die ganz weit an dem vorbeigehen, wozu sie eigentlich da sind.

(Hanna, 41; Kinder: 12, 9, 6)

Es war Zwang und Druck

Zu Hause waren eigentlich die einzigen Rituale die kirchlichen. Jeden Sonntag Messe, alle Prozessionen, alle Wallfahrten, Maiandachten und Rosenkranz beten jeden Abend. Nachdem meine Mutter das sehr stark mitgemacht hat, diese Marienverehrung, war der Mai ein absoluter Kirchenmonat. Es war nur Zwang und Druck, es wurde ein bestimmtes Verhalten von uns erwartet.

(Hanna, 41)

Nichts von Geborgensein

Der Nachmittagsgottesdienst für die Kinder, das war für mich sehr negativ. Meine Mutter war sehr unpünktlich, und das Mittagessen war fast immer zu spät fertig. Es kam fast immer so, so ist es jedenfalls in meiner Erinnerung, daß wir vor dem Nachtisch aufbrechen mußten. Überhaupt hatten diese kirchlichen Rituale für mich nichts von Geborgensein an sich, was für mich heute den Wert eines Rituals ausmacht. Aus meiner eigenen Kindheit habe ich da eher Abstoßendes erlebt, was nicht so aus uns selber kam, sondern von außen gesetzt war.

(Elke, 49)

Es ist eine Frage des Lebensabschnitts

Geburtstage bei den Verwandten, wo die Familie geschlossen hin mußte: Als Kind war das ganz schön, aber in meiner Jugendzeit hat mich das absolut gelangweilt, immer mit den Onkeln und Tanten an der Tafel zu sitzen. Das ist eine Frage des Lebensabschnitts, wo andere Werte gelten, wo auch so eine Ablösung da ist zu gewohnten Dingen, zu gewohnten Abläufen in der Familie, wo man denkt „um Gottes Willen", wo man das Zuhause halt einfach mal ablehnt. Und später erkennt man dann, wenn man eine eigene Familie hat, wie schön und wichtig so etwas auch ist. Jetzt ist es wieder etwas, was mir ganz wichtig ist.

(Nicole, 38)

In der Pubertät fing ich an, die Rituale, die ich in meiner Kindheit so sehr mochte, nicht mehr so gut zu finden. Zum Beispiel Weihnachten, da war der Zauber mit den Päckchen und Geschenken nicht mehr so groß. Man wollte lieber mit den Eltern diskutieren, wozu sie lange nicht bereit waren. Und man hat die Spannungen, die zwischen den Eltern bestanden, nicht mehr so hingenommen und darüber hinweg geguckt.

Ähnlich war es auch mit dem Sonntagsfrühstück, das ich als Kind sehr mochte, weil es da immer etwas Besonderes gab, zum Beispiel Weißbrot, was später auch nichts Besonderes mehr war. Vor allem aber, weil es nach meinem Empfinden immer früher wurde, d. h., ich kam einfach abends später nach Hause, als ich so achtzehn war und wollte morgens länger schlafen. Ich mußte aber um neun Uhr früh zum gemeinsamen Frühstück erscheinen, und wenn ich es nicht tat, düste mein Vater in mein Zimmer, riß die Rolläden hoch und sagte in scharfem Ton: „Fräulein, der Kaffee ist fertig." Da mochte ich dieses Frühstücksritual überhaupt nicht mehr.

(Lena, 47)

Es ging um meine Freiheit

In der Jugend habe ich Rituale total abgelehnt. Da ging es mir um *meine* Freiheit. Die ganzen jahreszeitlichen Feste, die haben doch nichts mit mir zu tun, dachte ich, und auch das gemeinsame Essen, was soll denn das. Das habe ich dann ein paar Jahre auch so gemacht. Jetzt, wo ich selber Kinder habe, finde ich es schade, wenn das Jahr überhaupt nicht mehr mit den Jahreszeiten verbunden ist. Das ist schon etwas, was mir wieder sehr wichtig geworden ist.

Jugendliche Konsequenz

Ich habe als Jugendliche mal entschieden: Da ich nicht christlich bin, dürfte ich auch nicht Weihnachten feiern und hatte dann, als ich allein lebte, keinen Baum und gar nichts. Es war grauenhaft. Dann kamen Freunde vorbei und haben einen kleinen Baum gebracht. Den habe ich dann mit meinen Ohrringen und mit Staniolpapier geschmückt, damit er etwas weihnachtsähnlich aussieht. Da habe ich gemerkt, daß Weihnachten für mich wichtig ist, und auch mit den Eltern und Geschwistern.

(Carmen, 37)

Späte Auflehnung

Wie ich von Zuhause ausgezogen bin, habe ich am Anfang auch am Samstag geputzt und am Sonntag nichts gemacht. Irgendwann ist mir dann aufgefallen, daß ich früher meiner Mutter immer geholfen habe, weil sie überfordert war und mir leid getan hat. Meine zwei Brüder haben nichts gemacht. Das lief so ab, daß ich jeden Samstag um zwei Uhr den Flur geputzt habe. Als mir das klar wurde, habe ich mir gesagt: „Nie wieder werde ich am Samstag nachmittag um zwei den Flur wischen."

(Katharina, 44)

Irgendwann fand sie es aufgesetzt

Nach unserer Hochzeit haben wir noch lange jeden Donnerstag Hochzeitstag gefeiert und uns gegenseitig irgendeine Kleinigkeit geschenkt, eine Blume oder so ... Irgendwann mochte meine Frau das nicht mehr, sie fand es aufgesetzt und nur noch lästig. Jetzt haben wir dafür was Neues: Wir haben einen festen Zeitpunkt in der Woche ausgemacht, wo wir Zeit haben füreinander.

(Bernd, 50; Kinder: 18, 16, 14, 10)

Rituale zu durchbrechen kann ein Kraftakt sein

Viele feiern Sylvester immer mit den gleichen Leuten, weil sich die Kinder gut verstehen. So feiern sie immer weiter zusammen ... die Kinder werden größer ... auf einmal gehen die Kinder ihre eigenen Wege, und die Erwachsenen stehen da und würden vielleicht gern etwas anderes oder mit anderen etwas machen, vielleicht haben sie

aber auch inzwischen keine Alternati-
ven mehr, aber dieses Ritual zu bre-
chen, das ist tabu. Wenn man ehrlich
darüber nachdenkt, muß man wirklich
sagen, das Thema hat sich erledigt, das
wäre ungefähr so wie bei „Dinner for
one". Rituale zu durchbrechen, das
kann ein Kraftakt sein, und man hat
auch Angst, andere zu verletzen. Wer
zuerst sagt: „Das machen wir nicht
mehr", der kann der Böse sein.

(Katharina, 44)

Ich konnte *Nachdem mein Vater gestorben war,*
es nicht *konnte ich es nicht mehr ertragen, mit*
mehr *meiner Mutter allein genau so Weih-*
ertragen *nachten zu feiern wie vorher, mit all*
dem, was eben so dazu gehört. Über-
haupt habe ich in der Zeit alles abge-
lehnt, was irgendwie mit Ritualen und
Traditionen zu tun hatte.

(Eberhard, 59)

Neben den anfangs genannten Gründen für die Ableh-
nung von Ritualen gibt es auch ganz persönliche: Ein
plötzliches Ereignis in der Lebensgeschichte führt häufig zu einem Bruch mit gewohnten Ritualen, weil man .
glaubt, die Gefühle nicht aushalten zu können, die
durch die Erinnerungen geweckt werden. Das kann zum
Beispiel nach einer Scheidung oder nach dem Tod eines
geliebten Menschen der Fall sein.

Umgekehrt kommt es auch vor, daß man an einem

Ritual festhält, obwohl es eigentlich nicht mehr paßt. Das steht dann einer notwendigen Veränderung im Wege und verhindert eine Anpassung an die neue Lebenssituation.

Was an Ritualen geschätzt wird

Rituale strukturieren den Alltag und geben Halt und Sicherheit.

Das gemeinsame Tun läßt das Gefühl von Geborgenheit und Zusammengehörigkeit entstehen.

Rituale schaffen aber auch den Rahmen für etwas Besonderes.

Es wirkt sich positiv aus, wenn man eine Struktur hat

Ich hatte mit den Ritualen meiner Familie gebrochen. Ich dachte mir, das ist nicht nötig, irgendwie war das so eine moderne Einstellung, daß man sich nach nichts richtet, und das habe ich automatisch auch so gemacht. Die Rituale kamen durch das Kind. Die ersten Jahre waren irgendwie sehr chaotisch. Es gab keine Struktur. Mit dem Kindergarten habe ich gemerkt, daß es sich schnell positiv auswirkt, wenn man eine Struktur hat. Inzwischen bin ich ein absoluter Befürworter von Ritualen. Man macht sich das Leben leichter, dem Kind natürlich auch, man gibt ihm ein Gerüst und Halt und Sicherheit.

(Katharina, 44; Sohn, 8)

31

Das ist schon so eingespielt

Dadurch, daß wir eine große Familie sind, sind die Abfahrten und Ankünfte vor und nach dem Urlaub wirklich ein Ereignis: Mein Mann ist ein genialer Autopacker, vorher packe ich die ganzen Koffer und den halben Haushalt, den wir mitnehmen, so daß das Auto aussieht wie ein Türkenauto. Das ist ein richtiges Ritual, jeder weiß inzwischen, daß er anzupacken und zu helfen hat und wohin die Koffer kommen und die schmutzige Wäsche. Das ist schon so eingespielt.

(Elke, 49; Kinder: 18, 16, 14, 10)

Die Balance stimmt

Im Kindergarten läuft alles nach Plan. Aber die Erzieherinnen haben so viel Erfahrung und Einfühlung, daß die Balance zwischen Ruhe und Bewegung, gemeinsamem Spiel und selbstbestimmtem Spiel einfach stimmt. Und die Kinder haben Halt und Sicherheit durch die Regelmäßigkeit im Ablauf. Jedenfalls ist meine Tochter noch kein einziges Mal ungern in den Kindergarten gegangen oder dort geblieben.

(Beate, 38; Tochter, 5)

Sie mag es, wenn sie weiß, was kommt

Ich merke es einfach bei meiner Tochter, wie sie es mag, wenn sie weiß, was kommt.

Wenn immer alles gleich ist, dann sind auch Abweichungen möglich.

(Beate, 38; Tochter, 5)

Ich habe ihn schon mal wieder abends mitgeschleppt, aber er hat immer gewußt, das ist eine Ausnahme. Das ist an den Ritualen das Interessante, daß man auch mal etwas anders machen kann. Das kann man dann hochstilisieren und sagen: „Heute machen wir etwas gaaanz Besonderes."

(Katharina, 44; Sohn, 8)

Ich finde es total entspannend, wenn man weiß, wie bestimmte Dinge ablaufen. Je freier man im Beruf ist, wo man nie weiß, ob man morgen noch was zu tun hat, um so sicherer möchte man es zu Hause haben. Also je unsicherer mein Leben ist, um so sicherer möchte ich im Alltag die Rituale haben. Zu Hause bei meinen Eltern bin ich immer gegen die Rituale angegangen.

(Ursel, 39)

Nach der Trennung von meinem Mann lebte ich allein mit meinem Sohn. Da hatten wir ganz viele Rituale: Wir hatten ein Frühstücksritual, ein Bettgehritual und Feierrituale. Er ist noch mehr als ich Traditionalist, es hatte immer alles gleich zu sein. Das ging so weit, daß bei Geburtstagen die Gäste immer auf dem gleichen Stuhl zu sitzen hatten. Er hat auch dann noch an Ritualen festgehalten, als er dafür eigentlich schon zu groß war. Zum Beispiel hat er lange darauf bestanden, wenn ihm ein Zahn rausgefallen war, ihn unter das Kopfkissen zu legen, damit die Wichtelmänner ihn nachts holen können und dafür ein kleines Päckchen hinlegen.

Ich war immer berufstätig und dadurch hat sich das Leben mit dem Kind sehr auf das Wochenende konzentriert. Und es war klar, daß wir am Wochenende etwas zusammen unternommen haben, da hatte das Kind Priorität. Wenn ich mal abends ins Theater wollte, wurde ein Babysitter organisiert. Aber eines, das wirklich immer so war, das war das Sonntagsfrühstück mit ganz viel Zeit. Da haben wir eigentlich die ganze Woche bekakelt. Mein Sohn hat erzählt, und ich habe erzählt, und da haben wir oft bis ein Uhr zusammengesessen. Das war fast ein heiliges Ritual, um wirklich Zeit miteinander zum Reden zu haben.

(Lena, 47; Sohn, damals 6)

Für den Sohn waren die Rituale offenbar deshalb so wichtig, weil sie ihm nach den Veränderungen durch die Trennung der Eltern die Stabilität und Sicherheit gaben, die er in dieser Situation besonders brauchte.

Aufgehoben außerhalb der Familie

Im Kindergarten, der ja auch religiös geprägt war, da wurde auch auf diese Feste geguckt, wie zum Beispiel Maiandacht, und da finde ich, daß es Orientierung und Struktur gegeben hat. Da habe ich mich sehr aufgehoben gefühlt. Das waren erstens mal die Feste, die wiederkehrend waren über das Jahr, die das Jahresgefühl geprägt haben, und dann war es ein zusätzliches In-dem-Religiösen-Aufgehobensein, außerhalb der Familie.

(Christa, 41)

Ein Rahmen für Besonderes

Ein Ritual schafft die Möglichkeit, daß Eltern ihren Kindern oder Kinder den Eltern Sachen sagen, die sie nie in einem anderen Rahmen sagen würden. Es schafft die Möglichkeit, Dinge zu tun, die man sonst nie tut. Das ist das Schöne.

(Regine, 32)

Was man sich im Alltag nie sagt

Was ich wichtig finde an Ritualen, ist, daß sie dadurch, daß sie was Besonderes sind, einem auch die Gelegenheit geben, was Besonderes zu machen oder

35

was zu sagen, was man sich im Alltag nie sagt. Das habe ich erlebt, als mein Vater seinen 75. Geburtstag gefeiert hat. Ich hab ihm morgens vor allen anderen aus der Familie gratuliert und ihm mein Geschenk überreicht. Wir hatten beide schon unseren „guten" Anzug an und fühlten uns irgendwie feierlich. Er hat sich über mein Geschenk gefreut und hat mich zum erstenmal seit Jahrzehnten wieder umarmt. Und ich hab ihm da gesagt, daß ich früher ganz große Schwierigkeiten mit ihm gehabt hätte und einen ständigen Zorn auf ihn. Daß ich aber jetzt darüber weg bin und ihn so akzeptieren kann, wie er halt ist. Das hat uns beide zu Tränen gerührt. Ich hatte mit ihm vorher nie über sowas sprechen können, das war nur in dem besonderen Rahmen möglich.

(Philipp, 61)

Es hat etwas Heiliges

Es ist Verschiedenes, was ich an Ritualen schätze. Wenn ich weiß oder eigentlich dadurch, daß ich weiß, daß zum Beispiel Weihnachten oder Johanni oder Ostern viele, viele Generationen vor uns schon so gefeiert haben, dann fühle ich mich als ein Teil eines großen Ganzen. Es ist die Verbindung mit der Vergangenheit, mit dem Ganzen, und ich bin ein Teil davon. Und dann hat das Ritual auch so etwas Wahrhaftiges oder Heiliges. Ein Gelöbnis in einem zeremoniellen Rahmen wie zum Beispiel bei der Eheschließung ist etwas anderes als eine Absprache oder ein einfaches Versprechen. Ich kann mit einem Ritual einen Ausnahmezustand schaffen, sozusagen ein Stück aus dem Alltag herausschneiden, wo es klar ist: „Jetzt gelten nicht die Regeln des Alltags, jetzt gilt was anderes." Das ist für mich auch ganz wichtig, wenn ich Seminare halte, weil es Raum schafft für Innovationen.

(Viktor, 37)

Sie geben dem Leben einen Rhythmus

Das macht für mich Rituale wichtig: Sie geben unserem Leben einen Rhythmus. Man könnte ja ohne sie auskommen, man könnte zum Beispiel Sylvester ausfallen lassen, aber dann würde man die Beherrschung über die Zeit verlieren. Rituale setzen Ankerpunkte in der Zeit. Und sie geben den Anstoß dazu, sich die Zeit zu nehmen, um Beziehungen aufzufrischen, den anderen zu sagen, daß man an sie denkt. Ich habe gerade zu meinem Geburtstag einen Brief von meiner Schulfreundin bekommen. Wir haben uns seit Jahren

nicht mehr gesehen, aber wir schreiben
uns regelmäßig zum Geburtstag und
verlieren uns dadurch nicht aus den
Augen.

(Charlotte, 42)

Rituale strukturieren das Gewöhnliche und schaffen das Außergewöhnliche. Sie machen den Alltag einfacher und heben Ereignisse aus dem Alltag heraus, indem sie ihnen eine besondere Form geben.

Alles zu seiner Zeit ...

Jeder, der mit Kindern zu tun hat oder sich an seine eigene Kindheit erinnert, weiß, wie sehr vor allem kleine Kinder es lieben, immer wieder den gleichen Spruch, das gleiche Lied, die gleiche Geschichte mit dem immer gleichen Wortlaut zu hören. Sie freuen sich darüber, daß sie schon vorher wissen, was passiert, und daß genau das dann auch eintrifft. Sie brauchen die Wiederholung, den immer gleichen Ablauf, um die Erfahrung machen zu können, daß etwas für sie vorhersehbar und überschaubar ist. Das gibt ihnen Sicherheit in einer Welt, in der alles für sie neu und unbegreiflich ist.

Wenn Kinder größer sind und nicht mehr jeden Abend die gleiche Geschichte hören wollen, brauchen sie andere verläßliche Ankerpunkte im Alltag, um sich sicher und geborgen fühlen zu können. Durch die Regelmäßigkeit gemeinsam verbrachter Zeit bekommt das Kind die Bestätigung, daß es einen sicheren Platz in der Familie hat und dazu gehört.

Auch für Erwachsene erleichtern Rituale die Organisation des Alltags. Es klappt einfach besser, wenn man nicht jeden Tag neu entscheiden muß, wann was passiert.

Wie der Tag verläuft

Mein selbst entwickeltes Morgenritual Als ich klein war, bin ich immer morgens hochgegangen zu meinen Eltern. Meine Mutter hat Tee getrunken im Bett. Ich habe mich zu meiner Mutter gelegt und gekuschelt. Als ich dann größer war, habe ich eine halbe Stunde im Bett neben meinen Eltern gelesen. Meine Schwester hat das nie gemacht. Das war ein selbstentwickeltes Morgenritual. Eine Zeitlang war es so, daß ich abends im Bett geplant habe, was ich meiner Mutter alles am nächsten Morgen erzählen muß, völlig unwichtige, ganz banale Dinge, weil ich dachte, ich muß ihr immer alles erzählen. Das war ein völliges Mißverständnis. Meine Mutter hatte gemeint, ich bräuchte keine Angst haben und könnte ihr immer alles erzählen. Das war immer diese halbe Stunde am Morgen

In Ruhe den Tag beginnen Jetzt ist es so bei uns: das tägliche morgendliche Frühstück am Tisch, das mögen wir beide nicht, auch mein Mann nicht. Und jetzt machen wir es so, daß einer von uns den Tisch deckt und sich mit Nina an den Tisch setzt und der/die andere im Bett bleiben darf, Tee trinken und lesen und Junggesellenleben genießen. Niemand hat Hunger um 7.00 Uhr früh. Ich stelle lieber den Wecker eine halbe Stunde früher, damit ich meinen Tee im Bett trinken kann. Das ist mein Ritual, daß ich ruhig den Tag anfangen kann.

(Leslie, 40; Tochter, 6)

Ich stehe immer vor ihr auf

Zu unserem Morgenritual gehört auch: Ich stehe eine Stunde oder eine halbe vor ihr auf, sie braucht früh ungefähr eine Stunde, bis sie in die Gänge kommt. Wir frühstücken immer zusammen, auch wenn sie früh um sechs zum Flughafen muß, dann stehe ich um fünf Uhr auf. Das ist der gleiche Rhythmus. Meistens habe ich dann schon die Nachrichten gehört und überlege mir, wie kriege ich sie aus dem Bett. Dann fange ich meistens mit den Katastrophenmeldungen an. Das funktioniert immer. Je unglaubwürdiger die Meldung, desto sicherer. Dann sagt sie: „Das kann doch gar nicht sein!" Damit kriegt man sie aus dem Bett. Oder mit den Wettervorhersagen.

(Bertram, 40)

Sonst sehe ich die Kinder den ganzen Tag nicht

Wir legen Wert darauf, daß zum Frühstück immer alle da sind. Wenn das nicht möglich ist, weil irgend jemand früher weg muß, dann sagt er: Ich bin morgen zum Frühstück nicht da, weil... Es ist kein Zwang, aber es ist ein festes

41

Angebot, weil ich sonst die Kinder den ganzen Tag nicht sehen würde.

(Bernd, 50; Kinder: 18, 16, 14, 10)

Ohne Abschied geht keiner

Ein Ritual, was eigentlich fest bleibt, obwohl die Kinder älter geworden sind, ist die Verabschiedung. Sonst war sie immer mit einer Umarmung und einem Kuß, wenn sie in die Schule gegangen sind. Jetzt wo sie größer geworden sind und man die Mutter nicht mehr so küßt, werfen sie mir einen Kuß zu. Also ohne Abschied geht keiner.

Wir sollten ganz schnell aufgeräumt sein

Als Kind wäre ich selber gerne anders verabschiedet worden, wenn ich in die Schule gegangen bin, und auch anders ins Bett gebracht worden. Ich habe es damals so empfunden, daß wir ganz schnell aufgeräumt sein sollten.

(Hanna, 41; Kinder: 12, 9, 6)

Wenigstens der Hund freut sich

Bei uns war die Begrüßung gar nicht besonders freundlich oder aufmerksam. Da habe ich gar nichts in Erinnerung, leider. Ich habe wohl was vermißt, hab aber nicht genau gewußt was.

Wir hatten kurze Zeit einen Hund, und da hat mein Vater gesagt: „Wenigstens einer, der sich auf mich freut."

(Katharina, 44)

Die Gespräche waren das Wichtige

Das gemeinsame Essen, auch am Werktag, habe ich als einen Akt der Stabilisierung irgendwie in Erinnerung. Wenn man sich zum Essen traf, hatte man sich auch immer etwas zu erzählen. Das Essen war bei uns auch eher zweitrangig. Wir haben nicht gegessen, um Nahrung aufzunehmen, sondern die Gespräche waren das Wichtige. Das war eigentlich sehr, sehr schön. Es gab keinen einzigen Tag, an dem beim Essen geschwiegen wurde.

(Ute, 35)

Der Inbegriff von Nestwärme

Was mir spontan zu Alltagsritualen einfällt, sind die gemeinsamen Mittagsmahlzeiten: vier Kinder mit den Eltern, wenn die Schule aus war und der Vater vom Gericht kam. Es war ein heiteres Zusammensein, weil alle versucht haben, sich gegenseitig zu überbieten und alles zu erzählen, was ihnen am Vormittag begegnet ist. Der Vater mit trockenen Bemerkungen dazwischen, er bestand auf Disziplin und guten Manieren bei Tisch. Daneben die temperamentvolle Mutter.

Im Krieg, wenn mein älterer Bruder Fronturlaub hatte und für kurze Zeit heim kam, wünschte er sich immer genau diese Art von Essen. Für ihn war das der Inbegriff von Nestwärme.

(Monika, 76)

Nur die kleine Familie, das war dann gemütlich

Was ich gemocht habe, waren die Abendessen. Da war der Onkel nicht dabei, da war nur die kleine Familie zusammen, Papa, Mutti und ich. Und das war dann gemütlich. Es gab keinen festen Zeitpunkt, es war so, daß es Abendessen gab, wenn der Vater mit seiner Arbeit fertig war. Dann war der Tag rum, und die Spannung war draußen. Und das war dann schön, die kleine Familie zusammen. Nach dem Essen hat man dann noch Kartenspiele oder irgendwelche anderen Spiele gemacht. Das war eigentlich die schönste Zeit am Tag.

(Christa, 41)

Ritual gegen die Angst

Meine Tochter fragt mich jeden Abend: „Ist die Nacht lang?" Dann muß ich antworten: „Die Nacht ist schon ziemlich lang, aber wenn man schläft, ist sie ganz kurz." Und dann kommt: „Träume ich was Gutes?" Und ich sage dann: „Du träumst bestimmt was Gutes." „Weißt du das, oder denkst du das?" fragt sie dann. „Das denke ich, weil ich das nicht wissen kann." Und

damit ist sie zufrieden. Das kommt je-
den Abend.

(Beate, 38; Tochter, 5)

Wir haben einen Spruch gefunden

Wir hatten erst immer Schwierigkeiten mit dem Ins-Bett-Bringen, das übliche: Er wollte bei uns im Bett schlafen, oder einer sollte bei ihm bleiben usw. Dann haben wir irgendwann mal so einen Spruch erfunden: Pipi machen, Hände waschen, Zähne putzen, ins Bett hüpfen. Und den kann man natürlich variieren: Zähne waschen, Pipi putzen, Hände hüpfen, ins Bett machen ... Zähne hüpfen, Pipi waschen, Hände machen, Bett putzen ... Dadurch war das auch nicht mehr so ein strenges Ritual. Jedenfalls ist er dann ins Bett gehüpft. Er hat auch das Zähneputzen nicht vergessen. Manchmal wird natürlich noch gehandelt. „Muß ich heute wirklich Zähne putzen?" Aber dann kommt am Ende immer der Spruch und dann ist Schluß. Der Zeitpunkt des Zu-Bett-Gehens ist dadurch völlig unproblematisch geworden. Durch das Variieren von dem Spruch haben wir ein zeremonielles Zubettgehen. Es ist keine üble Sache mehr, sondern es macht Spaß. Das hat mich wirklich selber verblüfft.

(Bettina, 34; Kinder: 6, 4)

Man wünschte sich gekitzelt

Beim Zu-Bett-Gehen war es so, daß wir Bestimmtes von unserer Mutter erwartet haben: daß man sich gekitzelt wünschte oder eine bestimmte Handhaltung, so, daß sie die eigene Faust umschließt, daß sie auf eine bestimmte Art das Haar ordnete, daß sie das ganz ritualisiert machte, das war wichtig. Ich weiß auch, wenn das nicht stattfinden konnte, weil meine Mutter abends weg mußte, daß wir in katastrophaler Stimmung waren, weil wir eben nicht von ihr ins Bett gebracht wurden.

(Ute, 35)

Ein anheimelndes Gefühl

Einer von uns hat sie ins Bett gebracht, und dann singen wir zweistimmig „Guter Mond, du gehst so stille", das ist immer der Abschluß, das gemeinsame Lied. Dann kommt noch der Gutenachtkuß. Sie hat neulich erst gesagt bei einem Klavierstück, das ich gespielt habe: „Da wird mir ganz anders, das hast du immer gespielt, wenn ich im Bett war." Das war mir gar nicht bewußt. Das ist das, wo die Kinder sagen: „Laß die Tür noch ein bißchen offen", damit sie die Geräusche hören. Das gibt ihnen Geborgenheit und ein anheimelndes Gefühl.

(Simone, 49; Tochter, 16)

Müde bin ich, geh zur Ruh...

Das Zu-Bett-Gehen haben wir alle sehr intensiv empfunden, weil wir alle drei ein paar Jahre lang bei unserer verwitweten Großmutter geschlafen haben, da war das etwas ganz Wunderschönes. Die Oma ist mit uns ins Bett gegangen, im Sommer, da war es noch hell, sie hat im Bad ihr Haar gemacht, gebürstet, dann kam sie ins Schlafzimmer und hat sich an den Bettrand gesetzt und hat sich einen Zopf geflochten. Dann hat sie sich ins Bett gelegt, und dann roch es so gut nach Kräuteröl. Immer wenn wir ein Wehwehchen hatten, wurde das mit so einem Kräuteröl eingerieben. Und dann haben wir zusammen gebetet, das gleiche Gebet sprechen wir heute noch: „Müde bin ich, geh zur Ruh ...“ und dann hat die Oma immer von früher erzählt. Das hat jeder von uns gefordert: „Oma, erzähl doch mal von früher“, immer wieder die gleichen Geschichten hat sie erzählt, und darüber sind wir dann eingeschlafen. Das war wunderschön.

(Nicole, 38)

Es hat mich sehr erbost

Ein Bettgehritual gab es bei mir zu Hause nicht. Da war es ein Die-Kinderschnell-ins-Bett-schicken, damit Ruhe war. Ich war die Älteste, und ich weiß, daß es mich sehr erbost hat, daß ich

47

gleichzeitig mit den Jüngsten ins Bett
mußte, zwischen sieben und halb acht,
und das fand ich schon für eine Zwölf-
bis Dreizehnjährige sehr früh, zumal
ich ja jede Menge Pflichten hatte.

Deshalb mache ich es jetzt anders

Als unsere Kinder klein waren, gab es
bei uns die Geschichten und das Lied,
worauf sie dann bald auf das Lied gern
verzichtet haben und gesagt: „Mama,
bitte nicht singen, lies lieber was vor!"
Was jetzt jeden Abend noch stattfindet, ist ein Gespräch. Und dadurch
zieht sich das Zubettgehen inzwischen
sehr lange hin, weil erst die zwei Kleineren ins Bett gehen und ihre Probleme
mit mir besprechen wollen, als letztes
geh ich dann zur Ältesten, die dann zu-
gänglich ist, was sie am Tag eher nicht
ist, und Konflikte werden noch gelöst.
Keiner von den Kindern mag das, ich
auch nicht, daß man sich mit irgendei-
nem Konflikt abends verabschiedet.
Da muß eigentlich immer fast alles be-
reinigt sein. Die abendlichen Rituale
sind sehr wichtig, weil es einfach Nähe
und Sicherheit gibt, daß das stattfindet.

(Hanna, 41; Kinder: 12, 9, 6)

Alle diese Aussagen zeigen, daß die Alltagsrituale auf
verschiedenen Ebenen wirken: Von den Eltern werden
sie in erster Linie als hilfreich empfunden, weil sie die

48

Organisation des Alltags erleichtern. Für die Kinder dagegen sind sie genau das, was ihnen das Gefühl von Geborgenheit und Nestwärme vermittelt.

Wie die Woche endet

Das finde ich bis heute sehr schön

Das Wochenende war ritualisiert von der Arbeit her, man mußte putzen und einkaufen. An diese Einkäufe erinnere ich mich noch sehr, sehr gut, das war eigentlich immer ritualisiert, weil immer die gleichen Leute beim Tragen und Einräumen helfen mußten, nämlich ich und meine Schwester. Daß man das Wochenende arbeitsmäßig vorbereiten mußte, das finde ich bis heute sehr schön: Am Samstag war noch Arbeit, aber irgendwann war dann auch mal Ruhe, und dann konnte man das, was man vorher getan hatte, genießen.

(Ute, 35)

So dicht und geballt

Ich ging jeden Samstag mit den vier Kindern zum Markt. Es war wichtig, daß alle Kinder mitgingen, da hatte meine Frau mal einen Tag frei; sie hatte ja sowieso die ganze Woche die Kinder. Das war auch eher ein Ereignis als ein Einkauf. Stell dir vor, da kommt einer mit vier Kindern in einem Handwagen, mit Kartoffelsack und Pampers. Und ich fand es auch schön, denn so dicht und geballt, Kinder und Ort und Nachbarschaft, das hatte ich ja sonst auch nicht.

(Bernd, 50; Kinder: 18, 16, 14, 10)

Mir hat das auch Spaß gemacht

Unter der Woche hat mein Vater das Frühstück gemacht, es war eher funktional. Am Wochenende hab ich es gemacht, schön gedeckt, mit Kerzen. Ich hatte mal meinen Eltern einen Gutschein geschenkt, daß ich für sie am Wochenende einen Kuchen backe. Ich habe dabei den Fehler gemacht, keine zeitliche Begrenzung dazuzuschreiben. Seitdem hab ich an jedem Wochenende einen Kuchen gebacken. Mir hat das auch Spaß gemacht.

(Iris, 30)

Mal in Ruhe zu Hause

Unter der Woche sind wir ja beide ständig unterwegs, und deshalb genießen wir es, am Wochenende mal Zeit zu haben: bis 12 Uhr im Bett bleiben, aber nicht schlafen, sondern lesen, Geschichten erzählen, Radio hören. Das kommt von meiner Familie: Am Sonntag vormittag um neun Uhr haben wir immer eine bestimmte Sendung gehört. Das habe ich viele Jahre nicht mehr gemacht, weil ich da geschlafen habe. Seit mein Sohn da ist, höre ich es wieder.

(Katharina, 44; Sohn, 8)

Das Sonntagsfrühstück war eine Art Zeremonie

Am Sonntag haben wir immer sehr lange gefrühstückt, von neun bis elf Uhr. Das war schon eine Art Zeremonie, wo in Schätzen gekramt wurde, alte Bücher rausgeholt oder Pläne gemacht wurden. Man hat was Besonderes gemacht. Da gehörte auch dazu, daß man zwischendurch mal in den Garten ging und dann wieder eine Tasse Kaffee getrunken hat.

(Moritz, 36)

Etwas, das er genießt

Was wir das Jahr über genießen, ist das gemeinsame Sonntagsfrühstück. Unsere Kinder dürfen am Wochenende zu Freunden oder Freunde kommen zu uns, und unsere Kinder übernachten auch schon mal woanders, oder ein Freund übernachtet hier. Und da merke ich ganz arg, daß mein Mann es bedauert, wenn am Sonntag die Familie nicht geschlossen am Tisch sitzt. Das ist etwas, das er genießt, weil er die Kinder sonst unter der Woche fast überhaupt nicht sieht.

(Nicole, 38; Kinder: 7, 5)

Da hat er uns gehört

Am Sonntagvormittag ist unser Vater immer mit uns spazierengegangen, während die Mutter gekocht hat. Das hab ich sehr genossen, weil unser Vater auch die ganze Woche über keine Zeit für uns hatte. Und das war eine Zeit, die war ganz intensiv und da hat er uns gehört.

(Nicole, 38; Kinder: 7, 5)

Unsere Kinder gingen gerne hin

Unsere Kinder sind gerne zum Kindergottesdienst gegangen. Alle Kinder der Straße zogen gemeinsam zur Kirche, und der Gottesdienst fing erst an, wenn die Kinder von unserer Straße da waren, weil die Kirche sonst zu leer war. Dreißig Kinder oder so kamen aus der Straße. Das gehörte zum Sonntag.

(Elke, 49; Kinder: 18, 16, 14, 10)

Es war toll. Alles vorhersehbar!

Der Sonntag war immer gleich, Frühstück, Messe und dann Mittagessen bei den Großeltern mit Vorspeise, Hauptgericht und Nachtisch. Für die Erwachsenen stellte der Opa immer eine Schnapsflasche mit einer Tänzerin auf den Tisch. Ich sehe sie noch vor mir: Das war so eine Art Spieluhr. Mein Opa hat sie aufgezogen, und dann spielte eine Melodie, und die Tänzerin in der Flasche hat sich dazu gedreht. Es muß so etwas wie Danziger Goldwasser gewesen sein, weil die Goldstückchen in der Flasche herumtanzten. Am Nachmittag gab es dann den Film im Fernsehen, wo wir Kinder alle unter dem Tisch gelegen haben und die ganze Familie geguckt hat. Und danach Tee, Abendessen, immer gleich. Es war toll. Alles vorhersehbar. Man war sicher, daß alles so kommt. Der Vater war immer dabei, manchmal kam er auch später. Die Großeltern waren auch sehr liebevoll, sie haben uns sehr verwöhnt. Wir hatten es immer gern, es gab keinen Zeitpunkt, wo wir es nicht mochten oder es als Zwang empfunden hätten. Ich erinnere mich genau daran und weiß, wie wichtig das für ein Kind ist und was denen entgeht, die das nicht haben. Deshalb versuche ich das auch mit meiner Tochter, nicht immer genau gleich, aber so, daß wir zum Beispiel jeden Sonntag zusammen spazierengehen, meistens mit Freunden, und natürlich gehen wir dann irgendwohin, wo sie gern hingeht.

(Beate, 38; Tochter, 5)

Es gab einen Riesenkrach – für nichts

Sonntag Mittag Punkt zwölf mußte das Essen auf dem Tisch stehen, das gab keinen Sinn, und die Mutti hat sich abgehetzt, damit diese Norm ein-

53

gehalten wurde. Und wenn sie eben nicht eingehalten wurde, dann gab es einen Riesenkrach für nichts. Und der ganze Sonntag vormittag war immer nur von Hektik und Antreiben bestimmt, damit Punkt zwölf das Essen auf dem Tisch stand. Punkt halb zwei wurde dann zu den Großeltern gefahren. Der ganze Tag war ein Ritual: Es ging los mit Kaffeetrinken, anschließend haben die Männer gekartet, die Frauen waren in der Küche. Anschließend gab es Abendessen und um sechs wurde dann heimgefahren. Das war immer so, ohne jede Schwankung, man konnte sich gar nicht vorstellen, daß es da etwas anderes geben könnte.

(Christa, 41)

Wie kommt es, daß die Vorhersehbarkeit, die für Beate so toll war, von Christa ganz anders erlebt wurde?

Beate hat sich im Kreis ihrer Familie, in der liebevollen Atmosphäre bei den Großeltern aufgehoben und geborgen gefühlt, sie hatte einen sicheren Platz in der Gemeinschaft. Für Christa dagegen war das Sonntagsritual vom Vater diktiert; es entsprach nur seinen Bedürfnissen und war der Mutter und ihr auferlegt. Dadurch konnte kein Gefühl von Gemeinsamkeit entstehen. Der Ablauf war noch dazu so starr und rigide, daß für Christa kein Raum für die Entwicklung eigener Wünsche blieb.

**Jeder hatte
seine Räume
für seine
Phantasie**

Da gab es noch ein schönes Ritual, an das ich mich erinnere. Wir waren eine Familie ohne Fernseher. Anfang der sechziger Jahre war das noch ein neumodisches Medium. Sonntagnachmittag gab es immer ein Hörspiel im Radio, und da versammelte sich die ganze Familie. Das war immer schön, vor allem im Winter, wenn es schon dunkel wurde. Meine Mutter hat etwas gestrickt, und mein Vater saß im Sessel. Das war klasse. Jeder hatte seine Räume für seine Phantasie.

(Norbert, 48)

**Daß wir
einfach alle
da sind**

Mein Sohn ist oft gestreßt, weil wir viel unterwegs sind. Er liebt es, am Wochenende daheim zu bleiben. Er sagt zum Beispiel: „Heute machen wir uns einen gemütlichen Nachmittag." Das ist ein ganz bestimmtes Ritual. Das ist die Kleidung: ein Jogginganzug und Socken. Dann müssen wir uns zu dritt auf das Sofa setzen und entweder Spiele machen oder Fernsehen gucken, daß wir einfach alle da sind. Das mit der Hose fand ich ganz interessant, weil er irgendwann mal sagte: „Das ist doch gar kein gemütlicher Nachmittag, ich habe doch keine Jogginghose an", da habe ich erst gemerkt, daß es wichtig für ihn ist.

(Katharina, 44; Sohn, 8)

55

Im Bade-
mantel vor
dem Fern-
seher

Wir hatten einen Fernseher, aber wir
durften nicht gucken, außer Samstag-
abend, da kamen solche Quizsendun-
gen, zum Beispiel die mit Kuhlenkampf.
Da wurde immer vorher gebadet, und
dann saß die ganze Familie im Bade-
mantel gemeinsam vor dem Fernseher.
Das war sehr gemütlich. Da durften wir
auch mal eine Fanta trinken, die beka-
men wir sonst nicht. Ich erinnere mich
noch genau an den blaugestreiften Ba-
demantel von meinem Vater.

(Lena, 47)

Inzwischen
kommen
andere
Kinder zu
uns

Ich kann mich erinnern, daß wir sonn-
tags nie zu anderen Kindern durften, der
Sonntag war tabu, gehörte der Familie.
Das hat sich bei uns verändert. Ich hatte
am Anfang Hemmungen, die Kinder am
Sonntag zu anderen Kindern zu lassen,
aber inzwischen kommen andere Kin-
der zu uns, und unsere können ihre
Freunde besuchen, außer wenn die mal
was vorhaben. Schulfreunde können
auch mal von Samstag auf Sonntag bei
uns übernachten, es wird gar nicht er-
wartet, daß sie sonntags nur zu Hause
sind, höchstens mal, wenn die Eltern sa-
gen: „Dieses Wochenende wollen wir
mal ganz für uns haben, weil wir solange
nicht mehr alle zusammen waren."

(Hanna, 41; Kinder: 12, 9, 6)

Da am Wochenende mehr Zeit zur freien Verfügung steht, bietet es die Möglichkeit, sich den Dingen, Interessen, Beziehungen zu widmen, die während der Woche zu kurz kommen. Wer sich die ganze Woche über fein machen muß, genießt es vielleicht, den Sonntag im Jogginganzug zu verbringen, während derjenige, der sich bei der Arbeit schmutzig macht, gerne die Sonntagssachen aus dem Schrank holt. Während für die meisten das Wochenende der Familie gehört, weil in der Woche selten alle zusammen kommen, genießt es die Alleinerziehende vielleicht, das Wochenende mal für sich zu haben. Während manche Familien das Sonntagsessen ganz besonders und im großen Familienkreis zelebrieren, verzichten andere darauf zu kochen, um nicht auch noch am Sonntag in der Küche stehen zu müssen, und gehen lieber essen.

... für alles seine Zeit

Damit nicht nur die Pflichten die Gestaltung unserer Zeit bestimmen, ist es sinnvoll, Rituale zu erfinden, um einen Platz für Prioritäten zu sichern. Je knapper die Zeit, je höher die Ansprüche, je größer die Interessen und die Freizeitmöglichkeiten sind, um so leichter gerät man in einen Entscheidungsstreß, wann man was tun soll, darf, muß oder kann.

Besonders groß ist dieser Druck oft am Wochenende: Man sollte unbedingt die Eltern besuchen; es ist von der Woche noch so viel liegen geblieben, das aufgearbeitet werden muß; eigentlich wollte man auch endlich mal wieder mit der Freundin Sport machen, das Buch zu Ende lesen, mit den Kindern ins Schwimmbad gehen, mit dem Mann ins Kino, und mit der Schulfreundin will man sich schon seit Ewigkeiten wieder mal treffen ...

Um nicht das Gefühl zu haben, nie zu dem zu kommen, was einem wichtig ist, bleibt einem nichts anderes übrig, als klare Entscheidungen zu treffen und festzulegen, welche Zeit man in Zukunft wofür reservieren will. Das gilt nicht nur für die Freizeit und das Wochenende, sondern für jeden Tag und in jedem Bereich.

Zeit für Freunde

Jedes Jahr am zweiten Advent treffen sich die alten Studienkollegen, mit denen wir studiert haben, bei uns. Früher haben sie noch Kinder mitgebracht, jetzt kommen sie ohne Kinder, und es sind nicht immer alle da, aber ein fester Stamm kommt immer.

(Bernd, 50; Kinder: 18, 16, 14, 10)

Jour fixe

Früher, als mein Mann noch studiert hat und unsere Kinder klein waren, hatten wir einen sogenannten Jour fixe. Das war immer der Mittwoch, an dem unsere Freunde, Studienkollegen von meinem Mann, zu uns kamen. Wir waren die einzigen, die verheiratet waren und Kinder hatten und eine richtige Küche. Und in der Küche hat dann immer einer von uns gekocht. Das war sehr schön für mich, weil wir nicht gemeinsam hätten essen gehen können, einmal, weil wir die Kinder nicht allein lassen konnten, und auch weil wir es uns gar nicht hätten leisten können, und durch dieses regelmäßige Treffen war ich nicht ausgeschlossen, und die Freunde von meinem Mann wurden unsere gemeinsamen Freunde.

(Antonia, 60)

Pfingst-
treffen

Unseren Freund Kilian kenne ich aus meiner Studienzeit, das sind jetzt über 20 Jahre, und wir hätten uns wahrscheinlich aus den Augen verloren, wenn es da nicht „das Fest" gäbe. Jedes Jahr zu Pfingsten laden Kilian und seine Frau all die Menschen ein, mit denen sie sich im Laufe der Zeit angefreundet haben. Da beide öfters umgezogen sind, stammen die Freunde aus den verschiedensten Ecken Deutschlands. Alle, die es können, kommen schon ein paar Tage vorher an und bereiten zusammen das Fest vor: Zelte aufbauen, Tische aufstellen, dekorieren, Essen besorgen und vorbereiten, Vorführungen, Spiele planen und vorprobieren. Diese gemeinsame Zeit vor dem Festtag gehört für die meisten unbedingt dazu. Man knüpft an die Gespräche vom letzten Jahr an, man tut etwas zusammen, man trägt zum Gelingen bei und fühlt sich dadurch weniger als Gast, man hat über die Tage genug Zeit, sich auf einzelne zu konzentrieren, ohne Angst haben zu müssen, andere zu verpassen, man hat überhaupt Zeit, sich einzustimmen. Ich finde, wenn es dieses Fest nicht gäbe, müßte man es schnell erfinden, bevor noch mehr alte Freunde verloren gehen.

(Carla, 47)

*Weihnachten als das Fest der vielen
und großen Geschenke haben wir abgeschafft. Für uns ist das Besondere,
daß sich die Familie trifft, mein Bruder
und ich bei unseren Eltern, daß Vater
kocht, daß wir im Wohnzimmer essen
und nicht in der Küche, daß der Tisch
besonders schön gedeckt ist und daß
klar ist, daß wir uns alle Zeit für einander nehmen. Ich wohne so weit weg
und bin beruflich so eingespannt, daß
es die einzige Gelegenheit ist, mit meiner ganzen Familie zusammenzukommen.*

(Dirk, 33)

*Wir haben ein tägliches Teeritual. Das
Rituelle daran ist das Regelmäßige,
daß wir alle drei, Vater, Mutter und
Tochter, 16 Jahre, zusammenkommen
und fast immer holen wir ein gutes
Stück Kuchen vom Konditor. Da kann
theoretisch alles stattfinden im Gespräch bei diesem Treffen am Nachmittag und dadurch, daß es regelmäßig ist, ist es ein Nährboden für
Offenheit oder macht Offenheit überhaupt erst möglich ... Wenn man zu einer 16jährigen sagt: Wir müssen mal
wieder miteinander reden, kommt gar
nichts. Da geht das Reden erst gar
nicht. Ich habe das Gefühl, daß durch*

die Gespräche, die ja ganz zwanglos sind, durch die Zeitvorgabe doch eine Übung da ist. Der Ritus schafft den Rahmen und damit es diesen Rahmen gibt, muß es die Regelmäßigkeit geben. Es gibt auch vertiefende rituelle Fragen wie zum Beispiel:

„Was war heute positiv?", „Was ist die gute Nachricht des Tages?", nicht nur „Ich bin heute fix und fertig", nicht nur das Jammern. Ich bin ein Vertreter des Goldenen Tagebuches, nicht nur des Schwarzen. Es wird sonst zu selbstverständlich, daß es uns eigentlich gut geht.

Die Möglichkeit, dran zu bleiben

Wir machen das schon immer. Wir sind schon lange verheiratet, und daß das so klappt, würde ich auch auf diese Art von Ritual zurückführen, weil immer die Möglichkeit da war, ganz nah und aktuell dran zu bleiben, an dem, was gerade ansteht, damit sich nicht irgendwelche Sachen ansammeln und man dann Listen aufmacht: Du hast aber damals ... und dort hast du doch ..., was dann nicht mehr aufzuarbeiten ist oder nur sehr, sehr schwer. Eine gute Zeit lang war es so, daß der, der gesagt hat: „Mir geht es ganz schlecht", dann den Nachmittag für sich hatte, der durfte auch jammern. Aber nach einiger Zeit haben wir auch die positive Bestandsaufnahme dazugenommen.

Rituale
dürfen kein
Zwang sein

Wenn unsere Tochter nachmittags mal was anderes vor hat, sagt sie: „Ich gehe heute in die Sauna" und das ist in Ordnung. Da trinken wir alleine Tee. Andererseits ist es so, daß sie fragt: „Gibt es heute keinen Tee?", wenn es mal später wird und wir sie noch nicht gerufen haben.

Flexibel, aber
auch
beständig

Daß Rituale weiter bestehen, auch wenn die Kinder aus dem Haus gehen und nur zu Besuch kommen, scheint mir besonders wichtig zu sein. Ich meine, daß dadurch die Kinder auch die Sicherheit bekommen, daß nicht alles zusammenbricht, wenn sie ihre Eltern verlassen. Und vielleicht auch, daß sie sich ein Stück von der Geborgenheit, die sie als Kind erlebt haben, auch später ab und zu noch holen können.

(Simon, 50; Tochter, 16)

Zeit für jedes
Kind

In dem Maße, in dem die Kinder größer werden, wachsen auch die Unterschiede zwischen ihnen, und wir haben gemerkt, daß es wichtig ist, sich jedem Kind auf eine besondere Art zu widmen, das heißt mit jedem mal etwas allein zu machen. Jetzt gehe ich regelmäßig mit meiner Tochter einmal im Monat allein in die Stadt, und sie darf aussuchen, was wir zusammen machen: ins Kino gehen oder Eis essen oder bummeln ... Mit meinem Sohn mache ich eher etwas Sportliches. Das hat auch den Effekt, daß in der Zeit meine Frau mit dem jeweils anderen Kind alleine ist und mit ihm etwas Besonderes machen kann.

(Herbert, 46; Kinder: 13, 10)

Das habe ich mit meiner Mutter allein gemacht

Am Samstag hat mich meine Mutter immer zum Ballettunterricht gebracht. Danach sind wir in irgendwelche Museen gegangen, die auch für Kinder interessant waren und die ich gut fand: Kunstgewerbemuseum zum Beispiel. Und dann sind wir essen gegangen in ein bestimmtes Lokal, das ich mochte, und da habe ich immer das gleiche bestellt. Das war für mich ein Ritual. Ich weiß nicht, wo meine Schwester war, jedenfalls habe ich das regelmäßig mit meiner Mutter allein gemacht.

(Leslie, 40)

Zeit für den Enkel: Montag ist Spätzletag

Unsere Tochter wohnt mit ihrem Sohn, unserem achtjährigen Enkel, in derselben Stadt wie wir. Trotzdem war es so, daß wir uns manchmal zwei Wochen lang nicht gesehen haben, obwohl wir es gerne hätten. Immer wenn wir, also mein Mann und ich, gerade Zeit hatten, uns mit ihnen zu treffen, hatten sie keine Zeit oder schon etwas anderes vor. Deshalb haben wir vor ein paar Monaten ausgemacht, daß Jochen jeden Montag nach der Schule direkt zu uns zum Essen kommt und unsere Tochter dazu kommt, wenn sie Zeit hat oder ihn irgendwann später abholt. Weil Jochen bei uns so gerne selbstgemachte Spätzle gegessen hat, die unsere Tochter nicht so häufig macht, habe ich an dem Tag dann auch immer Spätzle für ihn gemacht, und deshalb heißt der Tag bei uns „Spätzletag", obwohl es inzwischen auch mal etwas anderes zu essen gibt. Diese Einrichtung hat Vorteile für alle: Wir können sicher sein, daß wir unseren Enkel und unsere Tochter wenigstens einmal in der Woche sehen, und sie muß an dem Tag nicht zu Hause sein, wenn Jochen aus der Schule kommt und muß nicht kochen. Und Jochen freut sich auch, nicht nur wegen der Spätzle.

(Antonia, 60)

Nach der Sendung mit der Maus

Bei mir gibt es regelmäßige Telefongespräche am Wochenende: mit den kleinen Kindern, den Enkeln, nach der Sendung mit der Maus; mit den Großen nach dem Freitagabend-Krimi.

(Franziska, 79)

Zeit für uns Ein Ritual, das wir ganz bewußt festge-
legt haben: Wenn wir uns längere Zeit
nicht gesehen haben, dann – das haben
wir uns gegenseitig versprochen – findet das erste Treffen nicht in der Öffentlichkeit statt. Wir haben beide
Schwierigkeiten, wenn wir uns zwei
oder drei Wochen nicht gesehen haben,
was dadurch bedingt ist, daß Rieke in
S. studiert und ich in N. arbeite. Man
ist sich irgendwie ein bißchen fremd
und hat auf der anderen Seite auch so
eine hohe Erwartung an den anderen.
Das ist so eine schwierige Spannung,
die in der Öffentlichkeit dann zu Ver-
letzungen führen kann, weil der eine
sich vernachlässigt oder benachteiligt
fühlt, weil der andere sich nicht genügend kümmert oder weil das, was eigentlich gerade Thema ist, nicht geklärt werden kann. Das ist so eine
Vereinbarung: Wir nehmen uns einfach
Zeit für einander.
Ich mache auch ziemlich oft Workshops am Wochenende, und seit Rieke
in S. lebt, lege ich die Workshops so,
daß ich zwei Wochenenden im Monat
frei habe, um Rieke besuchen zu können oder jedenfalls die Chance zu haben, daß wir uns zweimal im Monat sehen können.

(Dirk, 33)

67

Sonntags-Tellerchen

Als unsere vier Kinder klein waren, kann man sich ja vorstellen, daß wenig Zeit blieb für mich und meinen Mann. Aber was wir immer für uns hatten, war der Sonntagmorgen, da mußten wir nicht früh aufstehen, da haben uns die Kinder ausschlafen lassen. Wir hatten nämlich folgendes eingerichtet. Wir haben am Samstagabend für jedes Kind ein Tellerchen vorbereitet, auf dem irgend etwas Leckeres zu essen war, das war das „Sonntags-Tellerchen". Das haben wir ihnen hingestellt, und darauf haben sie sich immer schon gefreut. Und dann haben sie wirklich friedlich in ihrem Zimmer gespielt und uns schlafen lassen.

(Wanda, 60)

Frühstück in der Stadt

Nach der Geburt unserer Tochter vor zwei Jahren hatten wir, mein Mann und ich, eine sehr schwere Zeit. Er hatte gerade seine Prüfungen und war total eingespannt. Ich mußte mich an mein neues Leben als Mutter erstmal gewöhnen und war völlig frustriert, daß er so wenig Zeit für mich hatte. Wir kamen gerade noch dazu, das Nötigste zu besprechen, zudem wir ausgerechnet zu der Zeit noch umgebaut haben, damit wir mehr Platz für das Kind bekommen. Ich glaube, geret-

tet hat uns, daß ich auf die Idee gekommen bin, samstags früh mit meinem Mann in die Stadt frühstücken zu
gehen und darauf bestanden habe, daß
wir es regelmäßig machen. So konnten
wir für zwei, drei Stunden den ganzen
Streß hinter uns lassen, mal andere Ge-
sichter sehen, uns bedienen lassen und
dabei miteinander reden. Wir konnten
uns wieder aufeinander einstimmen.
Es hat uns gut getan und Kraft gegeben.
Wir machen es jetzt noch gelegentlich,
es ist nicht mehr so oft nötig, weil wir
nicht mehr so viel Streß haben. Wenn
es droht, wieder hektisch zu werden,
oder wenn der Frust steigt, sagt einer
von uns: „Gehen wir am Samstag in
die Stadt?" Manchmal reicht das
schon, um die Spannung zu lösen.

(Nadine, 32)

Viele Menschen haben eine Abneigung dagegen, auch
noch ihre freie Zeit mit festen Terminen und verbindlichen Abmachungen zu verplanen. Sie fühlen sich dadurch in ihrer Spontaneität eingeschränkt. Wenn die
Verpflichtungen durch Beruf und Familie zunehmen,
die Zeit knapper wird, merken sie bald, daß es immer
schwieriger wird, spontane Einfälle zu verwirklichen,
wenn andere daran beteiligt sind. Oft haben die andern
nämlich gerade dann keine Zeit, wenn sie selber welche
hätten. Spätestens dann wird das, was sie vorher als Ein-
engung der Freiheit empfunden haben, zu einer Not-

wendigkeit: Es wird unerläßlich für sie, Rituale zu entwickeln, die einen Freiraum sichern für das, was ihnen
wichtig ist. Gleichzeitig geraten sie nicht immer wieder
in den Konflikt, zwischen den eigenen Wünschen und
den Erwartungen anderer entscheiden zu müssen.

Wie einer in der Familie gefeiert wird

Wenn man sich an die Geburtstage seiner Kindheit erinnert, fallen einem nur selten die Geschenke ein, die man damals bekommen hat. Was einem im Gedächtnis geblieben ist, ist vielmehr die Gesamtatmosphäre: ob man wirklich der Mittelpunkt sein durfte an diesem Tag, wieviel Zeit und Aufmerksamkeit darauf verwendet wurden, diesen Tag zu einem besonderen zu machen, wie gut es gelungen war, die geheimen Wünsche zu treffen, und wie wohl man sich gefühlt hat.

Besonders wenn ein Kind unter Geschwistern aufwächst, ist es schön und sogar wichtig, auch einmal im Mittelpunkt stehen zu dürfen. Und das nicht nur an seinem Geburtstag.

Daß Kinder heute einen ganz anderen Stellenwert in der Familie haben als früher, zeigt sich unter anderem an den Kindergeburtstagen. Während früher der Geburtstag des Kindes für die Familie häufig nur ein Anlaß war, mal wieder mit den Verwandten zusammenzukommen, dürfen heute viele Kinder selber entscheiden, wen sie zu ihrem Geburtstag einladen wollen und wie sie ihn gerne feiern würden.

Dabei kann es vorkommen, daß Eltern weder Kosten noch Mühen scheuen, um ihren Kindern eine tolle Geburtstagsparty auszurichten und geradezu unter den Druck geraten, immer mehr bieten zu müssen, damit ihr

Kind im Vergleich zu anderen nicht schlechter ab-
schneidet.

Oft ist es nicht leicht für die Eltern, sich diesem Kon-
sumdruck zu entziehen und andere Werte dagegenzu-
setzen.

**Es gehörte
immer alles
allen**

*Geburtstag ist eher ein trauriges Kapi-
tel. Die wurden meistens vergessen. Es
gab auch nicht den Besitz von einem
einzelnen, es gehörte immer alles allen.
Als ich auszog, habe ich mich nicht ge-
traut, meine Lampe mitzunehmen. Das
vermisse ich im nachhinein ... Das
habe ich damals nicht gemerkt, aber inzwischen denke ich, daß mir das gefehlt
hat und das will ich anders machen.*

(Beate, 38; Tochter, 5)

**Man mußte
nicht spülen**

*Am Geburtstag war das einzig Beson-
dere, daß man nicht spülen mußte und
meine Oma nachmittags zum Kaffeetrinken kam. Sie brachte mir immer
Rosen mit aus ihrem Garten, weil die
nämlich immer gerade an meinem Geburtstag geblüht haben. In einem Jahr
waren die Rosen sehr bald dran, und da
kam meine Oma einen Monat zu früh,
Anfang Juni statt Anfang Juli, mit einem großen Strauß, und da haben wir
in dem Jahr zweimal Kaffee getrunken.*

(Hanna, 41)

Bei der Einschulung war es so: Wir haben es natürlich gefeiert, mit Schultüte, wir sind beide mitgegangen am ersten Schultag. Aber da hat nur das Kind, das eingeschult worden ist, eine Schultüte bekommen. Da habe ich mich durchgesetzt. Mein Mann wollte, daß auch die anderen eine kleine Tüte bekommen, das war er aus seiner Familie so gewohnt, da hat auch immer der, der nicht Geburtstag hatte, etwas bekommen. Ich lege Wert darauf, daß gerade in einer großen Familie wie unserer das Kind dann auch für sich alleine was hat.

Geburtstag: Der Festakt findet vor dem Frühstück statt, und was unbedingt dazugehört sind: Kerzen, Gesang, Kuchen und Geschenktisch. Die Geschenke werden ausgepackt, wenn jeder gratuliert hat, und dann gibt es Frühstück. Das bedeutet, daß alle in der Familie sehr viel früher aufstehen müssen, damit sie dann noch rechtzeitig in die Schule oder zur Arbeit kommen. Das ist kein Zwang, aber es ist klar, daß da jeder eine halbe Stunde früher aufsteht, auch wenn es unter Umständen sehr schwer fällt. Die Kleinste hatte gerade jetzt Geburtstag. Da hätten die anderen alle eigentlich viel länger schlafen können, aber es war selbstverständlich, daß sie recht-

zeitig aufstehen, damit das Geburts-
tagskind nach diesem Ritual noch
pünktlich in die Schule kommt.

(Elke, 49; Kinder: 18, 16, 14, 10)

**Da hilft auch
die Schwe-
ster mit**

*Das Geburtstagsfest ist das Persönlich-
ste, was wir so feiern. Das, was am meisten Spaß und Freude macht, ist das
Vorbereiten. Der Sohn wird jetzt fünf
Jahre alt, und da kann er auch schon
selber mit vorbereiten, er hat eigene
Ideen, und das macht ihm unheimlich
Spaß. Heute hat er zum Beispiel die
Einladungen verteilt an seine Freunde
im Kindergarten und zwar als Fla-
schenpost und hat sich so gefreut über
die Überraschung in den Gesichtern
der Kinder, als die eine Flasche gekriegt
haben als Geburtstagseinladung. Das
macht ihm Spaß, und da hilft auch die
Schwester mit, und da sind alle gefordert, zu überlegen, was man machen
könnte. Das ist wirklich das Fest im
Jahr, das am meisten vorbereitet wird.*

(Nicole, 38; Kinder: 7, 5)

**Den Tag zu
einem
besonderen
Tag machen**

*Für die Kinder wird ein bißchen mehr
Aufwand getrieben. Die wollen natürlich Freunde einladen. Das wird entsprechend organisiert, daß man Zeit hat
für die Kinder, daß man etwas unter-*

74

*nimmt. Als sie kleiner waren, war im-
mer der Waldspaziergang das Geburts-
tagsereignis. Da sind wir nach dem Essen losgelaufen mit den Kindern und
den Freunden und den Hunden. Der
Jüngere hat im Juli Geburtstag, da sind
die kleinen Frösche im Wald unterwegs.
Die Kinder waren ganz begeistert. Der
Ältere hat im Februar Geburtstag, da
haben wir es schon dreimal hintereinander geschafft, entweder Schlitten zu
fahren oder was anderes draußen zu unternehmen. Da packt man die Kinder
ein, und das finden sie ganz toll. Diese
Zusammengehörigkeit, daß man was
zusammen macht, das ist ganz wichtig
für die Kinder. Eine Einladung ins Kino
ist für mich kein Geburtstag, weil es eigentlich sehr passiv ist. Wir versuchen,
den Kindern gerecht zu werden und,
den Jahreszeiten entsprechend, etwas
Besonderes zu unternehmen. Ein Ausflug im Schnee für das Winterkind, ein
Sommerfest für das Sommerkind, einfach den Tag zu einem besonderen Tag
zu machen.*

(Esther, 38; Kinder: 9, 7)

**Ich sollte
schnell
selbständig
werden**

*Zu meinem zwölften Geburtstag hat
mir meine Mutter zum ersten Mal Geld
gegeben, statt ein Geschenk für mich
zu besorgen, wie sonst immer. Sie sagte*

75

dazu: „Du bist jetzt groß genug, suche dir etwas aus, was dir gefällt." Es hat mich so verletzt, für mich war es ein Zeichen, daß sie vor lauter Arbeit mit ihrem Beruf und mit meiner kleinen Schwester sich jetzt nicht einmal mehr die Zeit nimmt, sich über ein Geschenk für mich Gedanken zu machen. Ich sollte einfach schnell selbständig werden, um sie zu entlasten.

(Cornelia, 32)

Das war mein Fest

Bei meiner Konfirmation war ich sehr beteiligt, das war mein Fest. Meine Mutter hat mich sehr viel mitmachen lassen: wie ich es mir vorstelle, wie ich es mir wünsche, was ich essen will, wer eingeladen wird. Ich habe Tischkarten gebastelt. Für jede Person habe ich etwas gemalt, was an ein besonderes Ereignis erinnert, das uns verbindet, so etwas aus der Familiengeschichte.

(Iris, 30)

Bei ihr hängt heute noch das Kreuzworträtsel

Konfirmation wird bei uns als großes Familienfest gefeiert. Am Abend vorher, da sind die Gäste schon da, und der Abend hat nur zum Inhalt die Person, die konfirmiert wird. Da mache ich für den Abend ein Programm, zum Beispiel

*bei meiner Tochter: ein großes Kreuz-
worträtsel; wo Stationen in ihrem Leben oder Namen zu raten waren, die in
ihrem Leben eine Rolle gespielt haben.
Bei ihr hängt heute noch das von allen
Gästen bearbeitete Kreuzworträtsel.
Oder ein Puzzle, wo ich Fotos zu Puz-
zles habe machen lassen und verschiedene Gruppen in einer Art Wettbewerb
das Puzzle zusammengesetzt haben;
einfach ein Programm für diesen Samstagabend, wo das Kind, die Person, der
Werdegang, die Entwicklung dieses
Kindes der Inhalt des Abends ist, neben
einem schönen Essen. Die Kinder haben es sehr genossen. Das fanden sie
gut. Und dadurch, daß es spielerisch
war, wurden sie auch nicht entblößt.*

(Elke, 49; Kinder: 18, 16, 14, 10)

**Ein schönes
Bild zum
Abitur**

*Als ich Abitur gemacht habe, waren
meine Eltern nicht da, die waren gerade in Urlaub. Aber meine große
Schwester kam extra und brachte mir
ein Abiturgeschenk von meinen Eltern:
ein Bild, das ich ganz, ganz schön fand.*

(Rieke, 23)

Die Anlässe, den einzelnen in der Familie zu feiern, sind
vielfältig. Ob eher schulische und berufliche Leistungen
oder ob Namenstage ein Grund zum Feiern liefern,

hängt von den Wertvorstellungen der Familie ab. In jedem Fall aber bieten sie eine Möglichkeit, den einzelnen aus dem Kreis der Familie hervorzuheben und ihm eine besondere und individuelle Wertschätzung zukommen zu lassen.

Wer als Kind die Erfahrung machen darf, daß jeder in der Familie in seiner Einzigartigkeit geschätzt und gefeiert wird, wird später eher in der Lage sein, eben diese Einzigartigkeit sowohl bei anderen als auch bei sich selbst als etwas Wertvolles zu erachten.

Feiern im größeren Familienkreis

Die jahreszeitlichen Feste, wie Ostern, Pfingsten und Weihnachten sind die Feste, die häufig im größeren Familienkreis gefeiert werden. Auch wenn heute die religiöse Bedeutung dieser Feste bei vielen nicht mehr im Vordergrund steht, sind sie im gesamten christlichen Kulturkreis erhalten geblieben. Es werden die gleichen Symbole verwendet, obwohl deren ursprüngliche Bedeutung meist völlig in Vergessenheit geraten ist. Wer weiß heute noch, daß die Tradition des Lichterbaumes an Weihnachten auf das heidnische Wintersonnenwendfest zurückgeht und daß der Osterhase ursprünglich das Symbol der germanischen Frühlingsgöttin Ostara war? Die Verwendung der Symbole zeigt vor allem die Zugehörigkeit zu dem eigenen Kulturkreis.

Unabhängig vom offiziellen Kalender werden auch die Ereignisse im größeren Kreis gefeiert, die Wendepunkte im Leben markieren, wie zum Beispiel Hochzeit oder Taufe und solche Feste, für die es keinen offiziellen Anlaß gibt, die also nur aus der eigenen Familientradition entstanden sind.

Ostertreffen der Familie *Als unsere Kinder klein waren, haben wir uns jahrelang, bestimmt acht oder neun Jahre, regelmäßig an Ostern bei meinen Eltern getroffen. Wir, das war* mein Bruder mit seiner Frau und ihren zwei Kindern und meine Familie, also mein Mann und unsere drei Kinder. Weil meine Eltern einen großen Garten haben, wurden da die Ostereier versteckt, auf der Wiese und in den Büschen und Bäumen. Und wir haben jedesmal einen Super-Acht-Film vom Ostereiersuchen gedreht. Neulich haben wir mal all die Filme hintereinandergeschnitten und sie uns angeschaut. Es war sehr interessant zu sehen, wie die Kinder von einem Jahr zum anderen gewachsen sind und sich verändert haben und auch wie sich die Erwachsenen im Laufe der Jahre verändert haben. Irgendwie war es auch rührend, die Kinder, die jetzt erwachsen sind, noch einmal so klein zu sehen. Durch die Bilder haben wir uns an vieles wieder erinnert, was damals war.

(Antonia, 60)

Da flitzen die Kinder zu den Nachbarn

Ostern ist ein Fest, was bisher nur unsere Familie zusammen gefeiert hat, im Gegensatz zu Weihnachten, wo sich die Großfamilie immer am gleichen Ort in Österreich getroffen hat. Da war vorher immer ganz wichtig das Backen: Gründonnerstag, Karfreitag, Karsamstag wurden Eier gefärbt, Hefezöpfe gebacken

und mürbe Häschen. Das war das Oster-
ritual. Da haben alle mitgemacht. Mein
Patenkind, die mittlerweile 26 ist, würde
am liebsten immer noch an Ostern zu
uns kommen, damit sie das miterlebt,
das Backen und dann die Dinge, die ge-
backen worden sind und die Eier am
Ostersonntagmorgen zu verschenken.
Da flitzen die Kinder zu den Nachbarn,
stellen ihnen was vor die Tür, klingeln
und laufen ganz schnell weg.

(Elke, 49; Kinder: 18, 16, 14, 10)

Unter den jahreszeitlichen, religiös und kulturell geprägten Festen spielt Weihnachten eine herausragende
Rolle: Es ist *das* Familienfest schlechthin. Zu den vor-
gegebenen haben die meisten Familien auch noch ihre
eigenen Traditionen: immer den polnischen Salat an
Heiligabend, immer die gleiche Weihnachtsmusik, immer die Weihnachtsgeschichte vor den Geschenken.
Diese eigenen Traditionen machen die Familienidentität aus: „So ist es bei uns."

„So ist es bei uns" kann allerdings auch heißen, daß
es regelmäßig an Weihnachten zum Familienkrach
kommt, gerade weil die Erwartungen so groß sind.
Durch die Eltern und Schwiegereltern können die Unterschiede in den Familienregeln wieder deutlicher werden und aufeinander prallen. Die emotionale Spannung
kann zur Entladung von Konflikten führen, die schon
lange unter der Oberfläche schwelten.

Was sich auch zu einem Ritual entwickelt hat, ist die Aktion vor Weihnachten, wo wir mit drei, vier Leuten
in den Wald gehen und einen schönen
Baum suchen. Da nehmen wir einen
Glühwein mit, und die Kinder sind
auch dabei. Dieses Weihnachtsbaum-
Suchen ist eine lange Geschichte und
hat auch eine lange Geschichte: Mein
Vater ist Förster, und von meinen Eltern weiß ich – das ist vielleicht eine
Anekdote –, daß der Haumeister von
meiner Mutter den Auftrag hatte, einen Weihnachtsbaum zu suchen. Und
der Vater ist dann durch den Wald gegangen und fand überall Bäume liegen.
Als er dann fragte, ob jemand Bäume
klauen wollte, sagte ihm der Haumeister: „Nee, wir haben von Ihrer Frau
den Auftrag bekommen, einen schönen Baum zu suchen und jedesmal,
wenn der Baum lag, haben wir gedacht, der gefällt Ihrer Frau nicht, und
haben einen anderen gesucht." Es war
immer eine sehr große Sache, bis der
richtige Baum gefunden wurde. Und so
ähnlich findet das heute bei uns auch
noch statt.

Das Amtszimmer war das Weihnachtszimmer. Das war ab ersten De-
zember verschlossen. Wenn die Mutter
reingehuscht ist, haben wir immer geguckt, aber ganz wenig gesehen. Es hat

geklingelt drin, und Glöckchen haben geläutet. Wir haben unheimlich lange an das Christkind und an den Weihnachtsmann geglaubt und haben in der Schule auch noch verteidigt, daß es das wirklich gibt. Irgendwo im Wald haben Glocken geklingelt – später haben wir erfahren, daß es der Haumeister war –, und wenn wir dann heimkamen von der Schule, hing an der Tür vom Kinderzimmer ein Säckchen mit Äpfeln oder Nüssen oder auf dem Bett lagen irgendwelche Weihnachtssachen. Wir sind auch jedes Jahr nach Nürnberg zum Christkindlesmarkt gefahren, und da haben dann meine Eltern die Weihnachtsgeschenke für uns gekauft, was wir allerdings nicht gemerkt haben. Einige Tage vor Weihnachten hat es dann am Fenster gescheppert und gekracht und geklappert, und dann hing irgendeine Holzeisenbahn oder so etwas davor und war gleich wieder weg. Und dann haben wir natürlich gedacht: „Diese Eisenbahn, die müssen wir haben!" und das haben wir dann auf den Wunschzettel geschrieben. Und dann bekamen wir sie natürlich auch, weil sie ja schon gekauft war. Aber das haben wir nicht durchschaut. Meine Mutter hat auch immer den Weihnachtsmann gemacht, und wir haben es nie gemerkt, wir waren viel zu aufgeregt. Sie ist dann immer rausgegangen und hat gesagt: „Der Weihnachtsmann kommt. Ich muß schauen, daß alles in Ordnung ist", und dann kam sie. Sie hat sich immer vom alten Schäfer den Mantel geborgt und war wirklich total verkleidet. In der Schule haben sie uns ausgelacht, aber wir haben immer gesagt: „Der kommt wirklich zu uns ins Haus. Wir sehen doch die Spuren, die in den Wald führen, und wir hören auch die Glocken klingen ... "

(Moritz, 36)

Fast schöner als Weihnachten

Das Christbaumschmücken machen wir zusammen mit Nina. Ich fände es gemein, wenn die Eltern das allein machen würden. Als Kind empfand ich das nämlich als das Größte, die Weihnachtskugeln mit auszupacken und zu entscheiden, wo sie hängen. Das haben wir immer eine Woche vor Weihnachten gemacht, und das war fast schöner als Weihnachten.

(Leslie, 40; Tochter, 6)

Ich habe sie furchtbar vermißt

Wir haben Weihnachten immer bei den Eltern gefeiert. Als ich mit meinem Mann zusammenkam, haben wir ohne sie gefeiert. Ich habe sie furchtbar

84

vermißt. Ich habe es ihnen gesagt, und letztes Jahr sind sie zu uns gekommen.

(Katharina, 44; Sohn, 8)

Ohne Oma und Opa, das geht nicht

Das war jetzt an Weihnachten so, daß Freunde von uns sagten, sie gehen auf eine Skihütte, ob wir denn nicht mitkommen wollten. Wir fanden das in Ordnung, unsere Tochter war 15, und wir dachten, daß sie sowieso in dem Alter ist, wo sie vielleicht denkt „Ach, immer dieses Scheißweihnachten!" Aber als wir dann mit ihr sprachen, sagte sie : „Weihnachten ohne Oma und Opa, das geht nicht! Die Freunde können zu uns kommen, aber Weihnachten muß so sein wie immer!"

(Simon, 50; Tochter, 16)

Ich habe mir mehr Familienleben gewünscht – und eine Oma

Eine Zeitlang war ich stolz darauf, daß meine Mutter in der Weihnachtszeit nie Plätzchen gebacken hat, weil sie einfach anders war als andere Mütter. Aber irgendwann habe ich mir einfach sehnsüchtig eine Mutter oder eine Oma gewünscht, die Plätzchen backt, oder daß man sich am Advent mit einem Kranz zusammenhockt oder überhaupt auch während des Jahres sich am Sonntag mal zusammensetzt mit Kaffee und Kuchen. So etwas gab es nicht bei uns. Ich habe mir einfach

85

mehr Familienleben gewünscht. Und
eine Oma! Weil, da gab's Streitigkei-
ten.

(Rieke, 23)

**Man will
zusammen-
kommen**

Seitdem meine Mutter gestorben ist,
feiern wir Weihnachten immer bei uns.
Am Anfang kam auch der Vater, aber
seitdem er wieder verheiratet ist, gibt
es immer Streit, und er kommt nicht
mehr. Meine Brüder kommen und
bringen manchmal ihre Freundinnen
mit. Auch wenn man sich das ganze
Jahr über nicht viel sieht, will man
Weihnachten zusammenkommen und
diese Zusammengehörigkeit feiern.

(Esther, 38; Kinder: 9, 7)

**Wir haben
alle geheult –
Das war
richtig schön**

Als ich Kind war, haben wir an Weihnachten immer den gleichen Film angeschaut, die ganze Familie, meine Eltern, mein Bruder und ich. Das war ein
tschechischer Film „Drei Nüsse für
Aschenputtel". Der lief immer an
Weihnachten, so wie „Dinner for one"
immer an Sylvester. Und wir saßen
alle davor und haben geheult. Selbst
mein Vater, der in Gefühlsäußerungen
eher reserviert und zurückhaltend war.
Das war richtig schön.

(Dirk, 33)

Es ging jedesmal daneben

Für mich war halt Weihnachten auch nicht Friede-Freude-Eierkuchen. Es waren alle so unter Streß, weil es friedliche, harmonische Weihnachten geben sollte, daß es hundertprozentig daneben ging. Da konnte man sich irgendwie darauf verlassen. Meine Mutter war nur unter Druck, alles schön zu machen für die Riesenfamilie und dann noch den Baum zu schmücken. Und dann gab es irgendwann noch Krach mit meinem Vater. Es war Horror für mich.

(Ursel, 39)

Und dann gab es Clinch

Familienfeiern waren eher unangenehm, als ich Kind war. Weihnachten zu Hause war oft Streß in der Familie. Die wollten es alle besonders gut machen. Meine Mutter und meine Großmutter hatten sich immer in der Wolle. Das hat sich zu Weihnachten hin aufgeschaukelt. Zum Beispiel sagte die Oma: „Meine Tochter aus den USA macht dies oder das so toll!" Meine Mutter hat sich benachteiligt gefühlt, und dann gab es Clinch, und meine Oma hat sich in ihr Zimmer zurückgezogen und zwei Tage nicht gesprochen.

(Esther, 38)

Die Tür zum Weihnachtszimmer wurde am Tag vorher verschlossen. Am Heiligabend selber hat sich dann tagsüber alles im Kinderzimmer abgespielt. Seitdem die Kinder größer sind und nicht mehr ans Christkind glauben, dürfen sie am Abend vorher den Baum schmücken. Ich stelle den Baum auf und stecke die Kerzen auf, und dann habe ich einen freien Abend. Die Oma, die immer schon am Vorabend da ist, und mein Mann und die Kinder schmücken dann den Baum. Letztes Jahr war das erste Mal auch der Kleinste dabei, und die Zweite hat gesagt, dieses Jahr möchte sie nicht mehr den Baum schmücken, sie will überrascht werden.

Bei der Bescherung ist es so, daß immer einer ein Geschenk auspackt und die anderen zuschauen. Ich habe das ein Jahr mitgemacht, daß die Geschenke aufgefetzt und gehortet wurden, und hinterher hat man geschaut, wer hat was von wem gekriegt. Und dann habe ich vor fünf Jahren eingeführt, daß immer jeder ein Geschenk bekommt, reihum, jemand überreicht es und dann wird geschaut, was es ist, damit das irgendwie bewußter ist und damit auch Ruhe reinkommt. Die Sachen, die die Kinder selber gemacht haben, überreichen sie auch selber.

Das Christkind war meine Tante

Als ich klein war, kam das Christkind in wirklicher Gestalt, in weißem Gewand mit goldenen Flügeln. Dummerweise haben sie Fotos gemacht, und als ich dann älter war, habe ich meine Tante erkannt.

(Hanna, 41; Kinder: 12, 9, 6)

Manchmal kommt auch meine Ziehmutter dazu

Das Ritual beginnt eigentlich schon eine Woche vor Weihnachten, beim Baumkaufen. Das machen wir immer zusammen auf einem kleinen Markt, immer bei demselben Mann. Am Heiligabend stelle ich den Baum auf und schmücke ihn. Die Tochter packt ihre Geschenke ein, immer am letzten Tag, und schließt sich dazu in ihrem Zimmer ein. Meine Frau bereitet das Essen vor. Meistens hören wir dabei Weihnachtsmusik. Am Nachmittag holen wir die Großeltern, das heißt meine Schwiegereltern, und manchmal kommt auch meine Ziehmutter dazu. Wir gehen zusammen in die Kirche, in der wir alle drei im Chor singen, und dann gehen wir zusammen nach Hause. Der Abend ist nicht ritualisiert, was für mich unbefriedigend ist. Der könnte feierlicher sein.

(Simon, 50; Tochter, 16)

Nachdem klar wurde, wieviel Streß es bedeutet, für alle 17 Mitglieder der Familie zu Weihnachten ein Geschenk zu finden, haben wir bei unserem jährlichen Familientreffen im Sommer beschlossen, es anders zu machen. Wir haben ausgemacht, daß Erwachsene jeweils nur von einem Erwachsenen beschenkt werden und die Kinder von allen. Wir haben je einen Namen auf einen Zettel geschrieben und alle Zettel in einen Korb getan. Daraus hat jeder einen Namen gezogen, und denjenigen hat er dann beschenkt und den Namen bis Weihnachten geheim gehalten. Also keiner wußte, von wem er beschenkt wurde. Einmal mußten wir nochmal von vorne beginnen, weil meine Mutter ihren eigenen Namen gezogen hatte. Bei der Bescherung wurden die Geschenke hintereinander aufgemacht, das heißt, jeder hat sein Geschenk aufgemacht und mußte raten, von wem es ist. Die Idee hat übrigens mein Schwager aus seiner Familie mitgebracht.
Alle fünf Geschwister treffen sich mit ihren Familien jedes zweite Jahr bei meinen Eltern, und die anderen Jahre sind für die jeweiligen Schwiegerfamilen reserviert.

(Carla, 47)

Und dann mußte auf heile Familie gemacht werden

Für mich war Weihnachten ambivalent. Ich habe es gemocht und auch wieder nicht gemocht. Ich habe gewußt, daß es an jedem Weihnachten kracht und die Mutti meistens irgendwann vor der Bescherung weint, und wenn es nicht am Heiligen Abend war, dann war es spätestens am ersten Weihnachtsfeiertag, bevor mein Bruder mit seiner Familie gekommen ist. Die Mutti hat versucht, sich nach ihm zu richten und das Beste zu finden, aber dem Papa ist dann immer kurz vorher noch eingefallen, daß alles nicht gut genug ist. Und wenn er seins nicht hat durchsetzen können, hat er der Mutti vorgeworfen, daß sie es meinem Bruder nicht gönnt (sie war nicht seine leibliche Mutter). Eigentlich konnte sie da machen, was sie gewollt hat, es war immer falsch. Und dann mußte natürlich auf heile Familie gemacht werden, und die Mutti hat versucht zu vertuschen, daß sie geweint hat. Ich habe jedesmal gedacht, die lassen sich jetzt scheiden.

(Christa, 41)

Es ist ätzend geworden

Nachdem meine Schwester gestorben war, ist Weihnachten ätzend geworden. Wir sind alle erstarrt an Weihnachten. Es hatte nichts Sinnliches,

91

Besinnliches, Fröhliches mehr, es war nur noch ein Hinter-Sich-Bringen. Das hatte zur Folge, daß meine Mutter ewig lang gekocht hat, Siebengänge-Menüs auf den Tisch gebracht hat. Das Essen blieb uns im Hals stecken. Hinterher hat man unter dem Weihnachtsbaum gesessen und nicht mehr miteinander geredet, auch nicht gefeiert.

Sie sind darauf eingegangen

Das ging so über Jahre. Dann bin ich nicht mehr am 24. nach Hause gefahren, sondern ein paar Tage später, das war schon besser.

Dieses Jahr bin ich wieder an Heiligabend hin und habe ein Spiel mitgebracht. Sie sind beide darauf eingegangen, und das war schön.

(Regine, 32)

Diese übersteigerten Erwartungen

Bei meinen Schwiegereltern ist auch heute noch vieles etwas stimmungsgeprägter, was auch oft den Hang zur Theatralik hat. Von meiner Schwiegermutter gibt es auch diese übersteigerten Erwartungen an die Stimmung. Die Kinder sollten dann am Heiligabend eigentlich von morgens bis abends nur Weihnachtslieder singen, und sie versteht überhaupt nicht, daß Kinder nicht still sitzen können und total hibbelig sind und rumlaufen und gucken, wo ist der Weihnachtsbaum und wann kommen wir endlich rein ... Es ist nach wie vor so, daß im Haus meiner Schwiegereltern zuviel drum herum gemacht wird und das Eigentliche verloren geht.

(Nicole, 38; Kinder: 7, 5)

Sooo schön

Ich habe mir schon vorgestellt, daß Weihnachten schön ist, aber daß es soo schön ist, das habe ich nicht gedacht.

(Florian, 4)

Mit Freunden das Neue Jahr beginnen

Sylvester ist auch ein ganz wichtiges Fest für uns, dieser Jahreswechsel, und das bekommen auch die Kinder ganz intensiv mit. Wir haben es eigentlich immer so gemacht, daß wir mit Freunden ganz, ganz schön essen, ein ganz festliches Mahl, wo jeder etwas mitbringt oder vorbereitet. Die Kleinen gehen meistens früher ins Bett, also bis zehn, halb elf halten sie durch. Die Freunde mit ihren drei Kindern übernachten bei uns, und dann ist es auch am nächsten Morgen wunderschön, das Neue Jahr mit den Freunden zu beginnen.

(Nicole, 38; Kinder: 7, 5)

Bei uns wurden Geburtstage und Namenstage im größeren Familienkreis gefeiert. Wir haben eine relativ große Verwandtschaft und waren das ganze Jahr über immer irgendwie unterwegs. Also bei uns damals wurde ziemlich viel gefestet, ich fand das schön. Bei mir kommt noch dazu, daß ich an Weihnachten Geburtstag habe, das erhöht noch die Bedeutung. Da kam die ganze Verwandtschaft zu uns. Das habe ich dann auch noch weitergeführt, als meine Eltern schon älter waren und ich nicht mehr da gelebt habe. Ich glaube, die Geburtstagsfeiern haben sie dann abgeschafft, weil sie sonst ständig unterwegs gewesen wären und haben sich entschlossen, nur noch Namenstag zu feiern.

(Thea, 59)

Eigentlich ist es zufällig entstanden. Und plötzlich ist es zu einer Tradition geworden, auf die keiner mehr verzichten will. Seitdem wir erwachsen sind, leben meine Geschwister und ich weit von einander und von unseren Eltern entfernt. Wir telefonieren und besuchen uns auch, wenn wir können, aber das ist selten, und dann treffen wir auch nur einen. Einmal, ich glaube, es sind ca. zehn Jahre her, ist es zufällig

passiert, daß wir am Ende der Som-
merferien alle mit unseren jeweiligen
Familien gleichzeitig bei unseren El-
tern waren. Das haben wir mit einem
großen Festessen gefeiert und danach
ein Familienfoto gemacht. Mehr aus
Spaß haben wir gemeint: Nächstes Jahr
um die gleiche Zeit treffen wir uns wie-
der. Und es sind tatsächlich alle ge-
kommen. Es gab wieder das große Es-
sen und das Foto, genau an der
gleichen Stelle. Seitdem machen wir
das jedes Jahr. Es ist ganz komisch, die
Fotos nebeneinander anzuschauen und
zu sehen, wie wir uns verändert haben,
wie die Kinder gewachsen sind und
wer dazu gekommen ist.

(Carla, 47)

Familienfeiern erhalten und stärken die Verbindung zwischen den Generationen und geben den Jüngeren die Möglichkeit, ihre Wurzeln kennenzulernen und sich als eingebettet in einer größeren Gemeinschaft zu erleben.

Übergangsrituale und wo sie fehlen

Die alten Hochzeitsbräuche lassen die drei Phasen der Übergangsrituale besonders deutlich erkennen:

Die Verlobungszeit ist die Zeit der Vorbereitung auf die Ehe und des Abschieds vom Junggesellenleben, der mit dem Polterabend besiegelt wird.

Die Hochzeitszeremonie mit den dazugehörigen Symbolen ist die eigentliche Markierung des Übergangs.

Mit der Hochzeitsreise wird die endgültige Trennung vom Elternhaus vollzogen und der Beginn des Lebens als Ehepaar eingeleitet.

Übergangsrituale schaffen eine Brücke zwischen etwas Altem, was abgeschlossen wird, und etwas Neuem, das beginnt. Sie schaffen einen Raum, in dem widersprüchliche Gefühle einen Platz haben: bei der Hochzeit zum Beispiel der Schmerz des Abschieds von den Eltern und die Freude auf das zukünftige Leben.

Neben den wichtigen Wendepunkten im Lebenszyklus, die durch Rituale markiert werden, wie Taufe, Schuleintritt und -abschluß, Konfirmation, Hochzeit, Beerdigung, und neben den jahreszeitlich wiederkehrenden Festen, die man als Übergangsrituale bezeichnen kann, haben auch viele Alltagsrituale mit Übergängen zu tun: Begrüßung und Abschied, Zubettgeh-Rituale, Morgenrituale.

Es gibt allerdings auch eine Reihe von Übergängen im Alltag, für die es keine Rituale gibt und wo es sinnvoll wäre, welche zu erfinden. Zum Beispiel fällt es vielen Menschen schwer, sich von dem Berufsalltag auf Familie und Freizeit einzustellen, am Ende eines Arbeitstages, am Wochenende oder zu Beginn des Urlaubs. Es fehlt die Phase, in der das eine abgeschlossen werden kann und man sich auf das andere einstimmt.

Auch für die Wendepunkte im Lebenszyklus müssen zum Teil neue Rituale gefunden werden, weil die alten für viele nicht mehr in Einklang mit ihren veränderten Wertvorstellungen stehen oder auch weil es für heutige Lebensformen noch gar keine gibt. Taufe, Hochzeit und Beerdigung haben noch keine gesellschaftlich verankerten Entsprechungen für diejenigen, die keiner Kirche angehören. Wenn bei einer Heirat die Partner Kinder aus einer vorherigen Beziehung mitbringen, gibt es noch kein Ritual, in dem diese Kinder mit einbezogen werden.

Andere, ursprünglichere Kulturen kennen Initiationsrituale, mit denen der Jugendliche in den Kreis der Erwachsenen aufgenommen wird. Bei uns fehlen solche Rituale, die den Übergang zum Erwachsenenleben markieren. Das ist nicht verwunderlich. Der achtzehnte Geburtstag ist zwar das offizielle Datum, an dem Jugendliche volljährig und strafmündig werden. Aber außer, daß sie von da an Auto fahren dürfen, ändert sich häufig nicht viel: Die Ausbildungszeiten sind inzwischen so lang geworden , daß viele junge Menschen auch danach noch von den Eltern abhängig bleiben. Die Markierungspunkte sind eher individuell unterschiedliche, bei dem einen der Studienabschluß oder das erste Gehalt, beim anderen der Auszug von zu Hause und der Einzug in die eigene Wohnung oder die Heirat.

Jetzt beginnt der Feier-abend

Ein Ritual früher war, daß wir immer, wenn ich von der Arbeit nach Hause kam, zusammen eine Cola oder einen Sekt oder so etwas getrunken haben: so, jetzt beginnt der Feierabend.

(Bernd, 50)

Wir haben uns was Neues ausgedacht

Ich hatte immer Probleme damit, wenn mein Mann völlig niedergeschlagen und übellaunig von der Arbeit nach Hause kam. Ich fühlte mich schuldig und irgendwie zuständig dafür, ihn wieder aufzumuntern. Aber es gelang mir nie, weil er im Grunde in Ruhe gelassen werden wollte, und am Ende waren wir beide sauer. Deshalb haben wir uns nach einem besonders heftigen Streit etwas Neues ausgedacht: Wenn er jetzt nach Hause kommt, kündigt er mir seine Stimmungslage per Handzeichen an, das heißt: wenn er mir acht oder mehr Finger zeigt, weiß ich, daß er gut gelaunt ist; wenn er mir nur zwei zeigt, lasse ich ihn lieber eine Weile in Ruhe. Das hat gut geklappt, und inzwischen ist es so, daß auch ich ihm meine Stimmung auf diese Art mitteile.

(Elisabeth, 45)

Wenn ich nach einem schweren Ar-
beitstag kaputt nach Hause komme,
ist es mir ein Greuel, mit lauter Musik
empfangen zu werden. Da mein Mann
abends aber gerne laute Musik hört
und er nicht so genau weiß, wann ich
heimkomme, haben wir ausgemacht,
daß ich dreimal klingele, wenn ich die
Musik nicht ertragen kann.

(Carla, 47)

Wir haben fast zehn Jahre lang unsere
Ferien auf einer Watteninsel verbracht.
Wir waren vier Familien, die zusammen zwei Häuschen mieteten. Das erste, was wir taten, wenn wir da anka-
men, war einige Zeit laut stampfend
durch das Haus zu laufen. Das durften
wir zu Hause nie tun, weil sonst die
Lampen bei den Mietern, die unter uns
wohnten, heruntergekommen wären.
Das Stampfen war immer ein riesiger
Spaß, an dem sich die Eltern genauso
beteiligten wie wir Kinder.

(Nora, 58)

Meine Frau und ich sind nicht konfes-
sionell gebunden, wir sind eigentlich
Heiden, aber wir sind natürlich im
christlichen Kulturkreis aufgewachsen,
und wir wollten für unsere Tochter ein
Aufnahmeritual, ein Willkommen auf

der Erde haben. Wir wollten das eher archaisch gestaltet haben und, ähnlich wie eine Eheschließung ein Gelöbnis vor Zeugen ist, wollten wir tatsächlich, daß die Paten vor Zeugen geloben, „wir werden uns um dieses Menschenkind kümmern". Das Ritual war dann so, daß wir, als Nina ein Jahr alt war, mit ihr, den beiden Paten und einem Priester zu einem ganz schönen Platz auf einem Berg gegangen sind. Unsere Tochter stand zwischen den beiden Paten und bekam vom Priester in die linke Hand Wasser, in die rechte Hand Asche und auf die Stirn einen Bergkristall: das Wasser als Symbol des Lebens, die Asche als Symbol des Todes und der Bergkristall als Symbol der Geisteskraft, die zwischen Geburt und Tod das Leben gestaltet. Einer der Paten hat ein Gedicht dazu gesprochen, dessen Inhalt war, daß sie bestätigen, das Leben des Kindes zu begleiten und nötigenfalls auch sich für das Kind gegen die Eltern einzusetzen, wenn sie den Eindruck haben, daß es nicht zum Guten des Kindes ist, was sie gerade tun. Daran haben sie sich auch gehalten. Sie haben sich nämlich dann mal eingemischt, als sie merkten, daß der Haussegen so schief hängt, daß es nicht gut sein kann für das Kind. Dieses Ritual war nur für uns alleine, aber danach kamen viele Freunde und Verwandte dazu, und wir haben ein großes Fest gemacht.

(Viktor, 37)

Dann beginnt ein neuer Abschnitt

Der Schulbeginn von unserem mittleren Kind fiel zusammen mit dem Eintritt ins Gymnasium der Ältesten, das war zwei Stunden früher. Der Vater ist mit ihr zur Schule gegangen und dann zur Kleinen gekommen. Da war dann auch die Oma da. Ein neuer Lebensabschnitt mußte gefeiert werden. Das wird jetzt bei dem Jüngsten auch so sein, ich werde auch beim Kindergartenfest dabei sein, weil ich glaube, es ist wichtig für ihn, den Kindergarten abzuschließen. Dann kommen gleich die Ferien, und dann ist der Schulbeginn, dann beginnt ein neuer Abschnitt.

(Hanna, 41; Kinder: 12, 9, 6)

Für mich war das brutal

Ich kam mit fünf in die Vorschule und war vorher nicht im Kindergarten wie meine Schwester, aber mit fünf mußte ich dann. Ich war ein ziemlich scheues Kind. Meine Mutter ließ mich schreiend da. Sie war sonst sehr lieb, aber sie hat einfach gesagt: „Das ist Pflicht, das muß sein." Es gab überhaupt kein Ritual, keine Schultüte wie hier in Deutschland. Sie hat mich einfach hin-

gebracht und dagelassen. Und wenn ich jetzt höre, daß es hier am Schulanfang eine große Zeremonie gibt, das finde ich wunderbar. Für mich war das damals absolut brutal.

Wir haben jetzt genau das, was wir brauchen

Als Nina in den Kindergarten kam, hat sich ein Abschiedsritual entwickelt, das sehr wichtig war. Sie konnte sich von uns nicht trennen, und dann haben wir ausgemacht, daß wir durchs Fenster noch mal Tschüß sagen. Ich bin schnell herumgerannt, und sie ist auf ein Regal gestiegen und hat mich durchs Fenster geküßt, und dann mußte ich meine vier amerikanischen Sprüche sagen:

> *See you later, alligator*
> *Little while, crocodile,*
> *Don't be late, alligate,*
> *Have fun, little one.*

Sie hat dann gewinkt, bis ich weg war. Das ging ein Jahr lang so. Und dann war es gut. Das war halt dieser Übergang. Das mit dem Fenster hat sich Nina ausgedacht, aber ich habe gemerkt, das ist genau das, was wir brauchen.

(Leslie, 40; Tochter, 6)

103

**Initiations-
ritual**

Wir haben mittlerweile mit unseren
drei Mädchen so etwas wie ein Initiationsritual gemacht: Nachdem eine
das erste Mal ihre Menstruation bekommen hatte, sind wir mit ihr zusammen, also nur zu dritt, in ein für
unsere Verhältnisse schickes Lokal gegangen und haben da ganz schön zu
Abend gegessen. Das ist ja wirklich
eine Schwelle, die für das Kind ganz
wichtig ist. Der Junge war übrigens
ganz neidisch. Bei ihm werden wir es
dann machen, wenn er in den Stimm-
bruch kommt.

(Elke, 49; Kinder, 18, 16, 14, 10)

**Es wäre eine
Feier wert**

Ich denke, es wäre auch eine Feier
wert, wenn aus einem Kind ein Erwachsener wird, der Übergang, das Gefühl, es reift jemand heran. Ich kann
mir aber auch vorstellen, daß Kindern
das gar nicht so recht ist in dem Alter.
Wenn ich an mich denke, weiß ich
nicht, ob ich das gewollt hätte, weil ich
damit auch gar nicht viel hätte anfangen können.

**Vorher
gehörte ich
noch zu den
Kleinen**

Die Konfirmation ist vielleicht so etwas vom Alter her, aber das ist natürlich stark durch die Kirche geprägt, das
war es bei uns jedenfalls noch, heute
ist es mehr materiell geprägt und hat
einen anderen Charakter. Es war schon

so, daß ich mich als vollwertiges Gemeindemitglied empfunden habe, also vorher gehörte ich noch zu den Kleinen, auch dadurch, daß ich im Kinderchor war. Ich war eher Zuschauer in der Kirche, und jetzt durfte ich auch zum Abendmahl gehen und habe so das Gefühl gehabt, jetzt gehöre ich zu den Großen. Es war schon ein Übergang, aber mit einem rein religiösen Hintergrund.

(Nicole, 38; Kinder: 7, 5)

Man durfte erst dann tanzen gehen

Bei der Konfirmation, da gab es keine Geschenke so wie hier, da gab es eigentlich gar nichts, aber es hatte schon eine besondere Bedeutung, weil es hieß, man darf erst tanzen gehen, wenn man konfirmiert ist. Man wurde mit 16 konfirmiert. Zu meiner Zeit war gerade ein Umbruch: Wir hatten schwarze Kleider an, und vorher hatten sie immer weiße und da hieß es: „Das weiße kann man ja später gar nicht mehr anziehen" und so kamen die schwarzen. Man hatte auch nicht mehr soviel Zeit. Der Konfirmandenunterricht, der sonst über ein ganzes Jahr ging, wurde auf einen Monat im Sommer reduziert. Wir haben gezeltet auf einer Insel und haben dort Konfirmandenunterricht gehabt. Das war ganz schön. Das hatte auch etwas damit zu tun, daß man dann erwachsen wurde. Es war schon so ein Übergang.

(Thea, 59)

Als mir jemand hinterher gepfiffen hat

Für mich gab es kein Übergangsritual zur Frauenrolle. Das erste Mal, wo es mir bewußt geworden ist, war, als mir jemand hinterher gepfiffen hat.

Wenn ich mir meine Geschichte anschaue, ich habe lange studiert und bin dadurch lange in dem Kindstatus gewesen. Der Übergang zu einer neuen Rolle, das ist bei uns sehr spät, das ist nicht so deutlich wie zum Beispiel in Afrika, wo ich dieses Initiationsritual erlebt habe. Für die Mädchen dort war ganz klar, jetzt beginnt wirklich was Neues. Und auch für die Erwachsenen. Dadurch, daß das ganze Dorf mitgefeiert hat, war für alle deutlich: Danach sind die Erwartungen an die Mädchen anders.

(Iris, 30)

Ich hätte nicht so ein schlechtes Gewissen haben müssen

Schön wäre ein Ritual gewesen zum Zeitpunkt, wo man auszieht von zu Hause. Meine Eltern haben mich schon gehen lassen, und sie waren halt traurig. Und ich, als das erste Kind, das ausgezogen ist, hatte ein schlechtes Gewissen. „Na gut, es sind ja noch die *zwei anderen da, da kommen sie schon irgendwie drüber weg."* Aber was ich mir da gewünscht hätte und was ich auch so tun würde, wäre das zu feiern, den Schritt in die Selbständigkeit. Wenn es auch noch so schwer fällt und egal zu welchem Zeitpunkt, daß man einfach sagt: „Jetzt machen wir noch mal was zusammen zu Hause." Das muß ja nicht an dem Tag sein, aber einfach so dieses Bewußtsein: Jetzt fängt ein ganz neuer Lebensabschnitt an. Das hätte ich mir so im nachhinein gewünscht, weil ich dann nicht so ein schlechtes Gewissen hätte haben müssen.*

(Nicole, 38; Kinder: 7, 5)

Dieser Schmerz hat sich immer wieder erneuert

Der Auszug von zu Hause wurde nicht gefeiert, es wurde nicht irgendwie feierlich Abschied genommen, sondern es war eher so, daß man es schmerzlich hinnahm, daß wieder jemand die Familie verließ und die Identität, die innerfamiliäre, auf die Probe stellte. Es wurde still gelitten, und man war froh, wenn ich wieder kam und in den Semesterferien mal vier Wochen da war. Dieser Schmerz hat sich immer wieder erneuert, wenn ich wieder ging. Der Familienzusammenhalt war so stark, daß es mir schwer fiel, mich von meiner Fa-

milie zu lösen. Ich habe am Anfang noch jeden Tag zu Hause angerufen, und es war nicht so, daß es irgendwie einen Abschied gab, wo alle Beteiligten gesagt hätten: Die Zeit ist jetzt vorbei, jetzt kommt etwas Neues. Das heißt nicht, daß wir uns auseinanderleben, aber jeder kommt auch ganz gut mit der Situation klar. Nein, das war so, man hat das im stillen erlitten.

(Ute, 35)

Das war der eigentliche Markierungspunkt

Das Ausziehen von zu Hause, da gab es bei mir kein Ritual. Der eigentliche Markierungspunkt war, als ich beschlossen habe, den Heiligen Abend nicht mehr daheim zu verbringen, wo ich gesagt habe: „Ich lebe jetzt in einer Beziehung, in einem eigenen Rahmen, das ist jetzt mein Zuhause, da möchte ich den Heiligen Abend verbringen, und zu Euch komme ich erst am ersten Feiertag." Es fiel mir schwer, ihnen das zu sagen, und wir haben alle geweint. Dieser bewußte Schritt ist an einem bedeutungsvollen Datum, nämlich am Heiligen Abend deutlich geworden. Es ist ein wichtiger Tag, an dem solche Veränderungen offensichtlich werden. Es ist das Familienfest an sich.

(Susanne, 41)

Es ist zur Familientradition geworden

Als unser Sohn ausgezogen ist, haben wir ihm – und uns – als Abschiedsgeschenk eine mehrtägige gemeinsame Wanderung in den Dolomiten geschenkt. Das hatte er sich gewünscht. Bei dem Auszug unserer Tochter haben wir das dann wiederholt. Und jetzt, als ich 60 wurde, haben mir die Kinder das gleiche zum Geburtstag geschenkt: drei Tage gemeinsame Wanderung in den Dolomiten mit Unterbringung und allem, was dazu gehört. Ich habe mich sehr darüber gefreut.

(Donna, 60)

Es gab kein Willkommensritual

Als ich begonnen habe zu arbeiten, gab es kein Ritual, neue Mitarbeiter willkommen zu heißen und aufzunehmen. Ich bin nur reingeworfen worden, ohne daß es gewürdigt worden wäre. Das war unheimlich schwer. Und da habe ich angefangen, mich damit zu beschäftigen, wieviel einfacher es doch wäre, wenn es da ein Ritual gäbe, das vielleicht auch nur formal eingehalten wird, aber seine Funktion erfüllt.

(Regine, 32)

Wir haben ein ganz großes Fest gemacht

Von der Uni aus ist keine Diplomfeier organisiert. Wir von meinem Semester haben viel Wert darauf gelegt, ein großes Fest zu machen, mit Essen und

109

Theater und so. Wir haben alle Profs eingeladen und von ihnen gefordert, daß sie eine Rede halten. Und es war auch gut, daß wir den Abschluß so gefeiert haben. Sonst ist dieser Übergang ein bißchen verwaschen, verschwommen.

(Iris, 30)

Hochzeit Ich wollte es gern haben. Ich wollte symbolisch demonstrieren, für mich und auch nach außen, daß ich und er, daß wir beschlossen haben, zusammen zu bleiben, also unser Leben zu teilen. Für mich war wichtig zu feiern, ich wollte mich auch feiern lassen. Ich wollte so einen Tag haben, wo wir uns freuen, daß sich andere mit uns freuen.

Das war einfach ein schöner Tag. Ich habe ganz viele schöne Erinnerungen daran, und das möchte ich nicht missen. Ein Freund von uns hat heimlich geheiratet, das finde ich so schade. Ich denke: „Ach, die armen, was ist denen entgangen!" Für mich wäre es ein Verlust. Und für den Ingo war es so, daß er es mir zuliebe gemacht hat.

Ich habe mir extra ein schönes weißes Kleid gekauft. Das habe ich auch nur an diesem Tag getragen, das ist jetzt schön eingemottet verstaut und das *werde ich auch mein Leben lang aufheben. Es ist albern, aber so ist es.*

Am Tag der Trauung haben wir mit der Familie gefeiert. Da waren etwa 30 Leute, das Standesamt war voll. Das Fest mit den Freunden haben wir am Samstag drauf gefeiert. Ein richtig großes Fest, das war einfach toll. Da habe ich Fotoalben davon, die schau ich manchmal mit den Kindern an. Das möchte ich nicht missen.

(Susanne, 41)

Er hat gedacht, wir feiern zu dritt

Als ich meinen Freund geheiratet habe – bis dahin war ich alleinerziehend –, habe ich meinem Sohn Nino erklärt, daß wir jetzt eine Familie werden. Ich wollte ihm zeigen, daß wir den gleichen Namen haben werden. An dem Tag der Hochzeit war er dann sehr unglücklich. Wir hatten keine Zeit für ihn, er ist herumgestreunt. In der Kirche sind wir vorne hin, und er mußte hinten bleiben, und da war er furchtbar bockig. Das habe ich gar nicht richtig mitgekriegt, das habe ich später an den Fotos gemerkt, er hat so ein Gesicht gezogen. In dem Fall wäre es nicht schlecht gewesen, wenn wir mit dem Pfarrer ausgemacht hätten, daß er ihn dazugeholt und gesagt hätte: „Wir geben uns zu dritt die Hände" oder so

111

etwas. *Und auch die große Feier war*
für ihn nicht schön. Er hat gedacht, wir
werden eine Familie und feiern zu
dritt.

(Katharina, 38; Sohn, 8)

Die Hochzeit *Erst als ich erwachsen war und selber*
meines *Kinder hatte, wurde mir klar, warum*
Vaters *ich bei der Hochzeit meines Vaters ge-*
weint hatte. Keiner der Erwachsenen
konnte es damals verstehen, und ich
konnte es niemandem erklären.
Ich war zehn, und eigentlich hat sich
an dem Tag für mich nichts geändert,
außer daß durch das Ritual der Hoch-
zeit eine Situation plötzlich endgültig
und damit eigentlich erst richtig wahr
wurde, die schon lange vorher bestand.
Meine Eltern lebten schon seit einiger
Zeit getrennt, mein Bruder und ich mit
meiner Mutter und ihrem neuen Mann
und mein Vater mit seiner neuen Frau
zusammen, immer noch im gleichen
Haus, in getrennten Wohnungen: Die
Trennung war ohne dramatische Aus-
einandersetzungen, fast schleichend
vor sich gegangen, und da wir weiter-
hin im gleichen Haus wohnten, beka-
men wir Kinder eher zwei Elternteile
dazu, als daß wir einen verloren hätten.
Trotzdem hatte ich bei der Hochzeit
meines Vaters das Gefühl: „Jetzt bin

ich ihn endgültig los – jetzt habe ich kein Recht mehr auf ihn", obwohl seine Frau zu mir sagte: „Ich nehme dir deinen Vater doch nicht weg. Du kannst uns doch immer besuchen." Aber wann ist immer? Vielleicht wäre es damals für mich besser gewesen, wenn wir ausgemacht hätten: „Jeden Mittwoch um vier, und sonst einfach, wenn du magst."

(Antonia, 60)

Ein Schei-
dungsfest Meine Ex-Frau und ich taten uns mit unseren Kindern und unseren engsten Freunden zusammen und veranstalteten nach dem Akt unserer Scheidung ein Festessen. Es sollte ein Erinnerungsfest an die Zeit unseres Zusammenseins sein, und wir wollten alles Gute, was wir darin gemeinsam erlebt hatten, sowie unsere Kinder und unsere glücklichen Erinnerungen feiern. Wir hatten das Gefühl, um unser Zusammenkommen sei so viel Aufhebens gemacht worden, daß es falsch gewesen wäre, unser Auseinandergehen sang- und klanglos verlaufen zu lassen.
Wir lachten an diesem Abend viel miteinander. Einer unserer Freunde nannte es eine „Coming-Out Unpartnered Party", eine „Partnerbefreiungsparty".

Wir stießen auf unsere gemeinsame Vergangenheit und auf unsere getrennte Zukunft an. Es gab auch einige Tränen. Für die Kinder war das die Gelegenheit, zu erleben, daß sie weiterhin Teil einer großen Gemeinschaft von Menschen waren, die verstanden, was die einzelnen durchmachten, und die einander darin unterstützten. Für meine Ex und mich war es eine Möglichkeit, unserer Wertschätzung für unsere gemeinsame Vergangenheit Ausdruck zu verleihen und unseren Familien und unseren Freunden die Möglichkeit zu bieten, an unserer Zukunft teilzuhaben.

(Perry, 37 aus: J. Thorne: Wie ich meine Scheidung überlebte.)

Was macht Übergangsrituale überhaupt so wichtig?

Das Ritual markiert die Zäsur zwischen dem Vorher und dem Nachher. Eine solche Zäsur ist ebenso sinnvoll beim Übergang von der Arbeit zur Freizeit wie beim Übergang vom Alleinleben zum Zusammenleben. Denn ohne Zäsur wird das Alte nicht eindeutig abgeschlossen, und das Neue kann nicht wirklich beginnen.

Die Übergangsrituale im Lebenszyklus, die in einem feierlichen Rahmen und in einer größeren Öffentlichkeit stattfinden, haben zudem den Charakter eines Versprechens und definieren den neuen Status in der Gesellschaft.

Für immer Abschied nehmen

Wenn ein geliebter Mensch stirbt, können die Gefühle von Schmerz und Trauer so überwältigend sein, daß sie kaum auszuhalten wären, wenn man damit allein gelassen würde. Das Ritual der Beerdigung hilft, von den Gefühlen nicht übermannt zu werden. Die notwendigen Vorbereitungen bieten eine Form, in der man Abschied nehmen kann und durch das Tun dem Schmerz nicht völlig ausgeliefert ist. Man ist gezwungen, sich mit dem Toten zu beschäftigen, aber man muß nicht alles selber entscheiden, weil bestimmte Abläufe vorgegeben sind.

Heute sterben Menschen immer häufiger im Krankenhaus oder im Altenheim und werden von dort direkt in die Leichenhalle überführt. Die Verwandten haben nicht mehr die Möglichkeit, zu Hause von ihnen Abschied zu nehmen, und viele empfinden das als schmerzliche Lücke. Denn gerade bei der Beerdigung, die ja den krassesten Übergang überhaupt darstellt, vom Leben mit einem Menschen zum Leben ohne ihn, sind die drei Phasen des Übergangs ganz besonders notwendig und wichtig. Sie nehmen in konzentrierter Form die Phasen der Verarbeitung vorweg, die sich anschließend erst in einem längeren Prozeß vollziehen. Die Phase des Abschiednehmens, dann das eigentliche Ritual der Beerdigung, und schließlich das Zusammensein danach, bei dem man sich gemeinsam an den Verstorbenen erinnert und die Erinnerungen an ihn mit in das Leben hineinnimmt, in das man zurückkehrt.

*Beim Begräbnis meines zweiten Man-
nes hat mir etwas gefehlt: Er war aus
der Kirche ausgetreten. Ich empfand
ohne das kirchliche Ritual eine er-
schreckende Leere.*

(Monika, 76)

*Vor allem habe ich die Beerdigung ge-
haßt, weil ich dieses Ritual als sadi-
stisch empfand. Ich bin fast gestorben,
als der Sarg in die Erde gesenkt wurde.
Und dann kamen auch noch alle Leute
und rührten mit ihrem Mitgefühl in der
Wunde herum.*

*(Marius Müller-Westernhagen, 49, da-
mals 14, aus einem Zeitungsinterview)*

*Schön fände ich es, wenn man zu
Hause sterben und noch Abschied nehmen könnte. Dieses schnelle Wegschaf-
fen, auch die Angst, den Toten noch zu
berühren, das finde ich gar nicht schön.
Als Kind hat mir sehr gut gefallen das
Abholen zu Hause. Bei uns im Dorf gab
es keine Leichenhalle, die Toten waren
bis zur Beerdigung zu Hause und wurden vor dem Haus im geschlossenen
Sarg aufgebahrt und dann von der Kir-
chengemeinde abgeholt und zum Friedhof gebracht.*

(Nicole, 38)

Meine Oma ist zu Hause gestorben, während nebenan die Familie Kaffee getrunken hat. Das fand ich schön. Sie ist einfach eingeschlafen. Da habe ich auch erlebt, daß sie sich verabschiedet hat und daß wir uns verabschiedet haben. Sie war bettlägerig, und es war immer jemand von der Familie bei ihr. Es waren zwei Zimmer, die mit einer großen Schiebetür miteinander verbunden waren. Sie lag in dem einen Zimmer, die Tür war fast immer offen, und an dem Tag sagte sie: „Unterhaltet ihr euch; ich schlafe ein bißchen." Und dann hat die Familie im anderen Zimmer Kaffee getrunken, und sie ist eingeschlafen.

Das Essen hinterher, wo alle Verwandten da waren, das fand ich schrecklich, weil ich gemerkt habe, wie sich die Stimmung gewandelt hat und wie schnell so eine schreckliche Fröhlichkeit aufkam. Erst waren da Trauer und Tränen und dann beim Leichenschmaus hat man am Anfang noch vom Toten erzählt, aber sehr bald war man dann bei ganz anderen Themen, beim Urlaub und ähnlichem.

Wenn von mir jemand sterben würde, würde ich nur die Leute einladen, die mir nahe stehen und die ähnlich wie ich demjenigen nahe standen. Ich finde es schön, zusammen zu sein, auch gemeinsam zu weinen und sich auszutauschen. Aber wenn es so ausartet zu einem großen Essen und Trinken und zu einer Fröhlichkeit, das finde ich schrecklich.

Ich habe es einmal positiv erlebt. Da ist eine Freundin von mir gestorben, und es waren nur die engsten Freunde da. Wir haben zusammen Tee getrunken und von ihr erzählt und waren zusammen traurig.

(Hanna, 41)

Unglaublich hilfreich

Nachher dann der sogenannte Leichenschmaus, das empfinde ich als unglaublich hilfreich, weil das für mich zeigt, daß das Leben weitergeht. Das wäre auch für mich ein Wunsch, wenn ich mal sterbe, daß niemand dem so nachhängt, daß die Trauer nicht jemanden so übermannt, sondern daß man sich auch an gemeinsam erlebte gute Dinge erinnert und dann einfach das Leben anpackt und weiterlebt.

Keiner war übermannt von Trauer

Als meine Tante starb, es war meine Lieblingstante, an der ich sehr hing, da waren wir alle zusammen da, und es war eine wahnsinnige Trauer, aber im Endeffekt während dieses Leichenschmauses haben wir ganz viel geredet über die Zeit mit ihr, und es ist keiner da raus gekommen und war übermannt von Trauer. Wir waren alle irgendwie zuversichtlich und wußten, sie ist jetzt gut aufgehoben.

Noch einmal die Hand halten

Für meine Kinder wäre es mir ein großes Anliegen, wenn es möglich ist, wenn Oma oder Opa sterben würden, daß sie vorher noch mal ans Sterbebett gehen könnten. Das wäre so mein Wunsch, daß man Abschied nehmen kann von den Großeltern, daß man sie noch mal drücken kann und die Hand halten, wie ich es auch gemacht habe bei meiner Oma. Daß man einfach sehen kann, jetzt verläßt sie uns irgendwann, und man nicht plötzlich vor vollendeten Tatsachen steht, und da liegt dann jemand, den man eigentlich so nicht kennt. Das wünschte ich mir so für meine Familie.

Fragen, die man beantworten muß

Das ist ein Thema, das auch unsere Kinder schon ganz stark beschäftigt: Tod, Sterben und was ist nachher. Das ist auch bedingt durch eine Krankheit, die ich vor zwei Jahren hatte, und wir nicht wußten, wie es ausgeht und unsere Kinder mit dem Tod konfrontiert wurden. Da sind viele Fragen aufgetaucht, die man beantworten muß. Ich glaube, daß die Angst vor dem Tod nicht mehr so präsent ist dadurch, daß wir soviel darüber gesprochen haben.

(Nicole, 38; Kinder: 7, 5)

Mein Vater ist kurz vor Weihnachten gestorben. Wir haben ihn zu Hause in seiner Wohnung aufgebahrt, er war die ganze Zeit bis zu seiner Beerdigung bei uns. Jeder hatte zu jeder Zeit die Möglichkeit, zu ihm zu gehen und von ihm Abschied zu nehmen. Meine Schwestern und ich waren tagsüber auch in der Wohnung und haben das gemacht, was eben zu bewältigen war. Ein paar Tage später kam dann mein Mann mit den Kindern und die Familien meiner Schwestern und hatten die Möglichkeit, von meinem Vater Abschied zu nehmen. Am Abend vor der Beerdigung wurde er dann abgeholt. Zwei Kinder sind dann bewußt weggegangen, weil sie nicht miterleben wollten, wie er aus dem Haus getragen wird. Am nächsten Tag war der Gottesdienst, die Mette. Wir alle haben den Gottesdienst vorbereitet und gestaltet. Die Kinder hatten zum Beispiel eigene Fürbitten, und wir hatten vorher auch ein Gespräch mit dem Pfarrer. Bei der Beerdigung selber hat ein Enkelkind Geige gespielt. Es war eine Beteiligung von jedem, der wollte, aber alle wollten, weil dieser Opa ein sehr geliebter Opa war. Am nächsten Tag sind wir dann noch mal zum Grab und haben geschaut, wie es zugeschüttet aussieht. Die Kinder waren auch dabei. Sie waren gar nicht bedrückt oder besonders traurig, das war ein Einbeziehen vom Opa weiterhin.

(Elke, 49; Kinder: 18, 16, 14, 10)

Schmerzlich und gleichzeitig hilfreich

Meine Einstellung zu Beerdigung hat sich durch den Tod meiner Mutter total geändert. Bestimmte Dinge hatte ich noch nie erlebt: dieses Waschen durch die Leichenfrau und wie der menschliche Körper sich verändert, wenn er tot ist. Und die Mutter in einen Sarg zu betten und Blumen hinzurichten und ihr die Hände zu falten, lauter so symbolische, religiöse Sachen, die sind schmerzlich und helfen gleichzeitig, anzunehmen, zu verarbeiten, sich auseinanderzusetzen. Wenn ich das nicht gehabt hätte, hätte ich richtig das Gefühl, ich werde um etwas betrogen. So schlimm es ist, es ist wichtig, diesen Abschnitt mitzumachen.

Diesmal war ich ruhiger

Die Beerdigung fand ich weniger traurig als früher. Ich weiß noch, bei meiner Oma fand ich es so schlimm, daß dieser Sarg in die Erde verschwindet. Ich war ganz erschüttert. Diesmal war ich ruhiger. Ich konnte dieses Ritual eher zulassen, also, daß meine Mutter in der Erde liegt, daß es ihre letzte Ruhestätte ist, daß sie wieder zu Erde wird. Diese Floskel: „Von der Erde bist du gekommen,

121

zur Erde wirst du zurückkehren", finde ich eigentlich beruhigend, so im Lebenszyklus. Und jetzt wachsen meine Kinder heran, es ist so ein Kreislauf.

Man ist nicht allein

Es ist natürlich sehr traurig, aber ich fand es ganz schön, daß viele Leute da waren. Früher fand ich Leichenschmaus makaber, so denke ich jetzt überhaupt nicht mehr. Es ist noch einmal ein gemeinsames Zusammentreffen, man sieht, es trauern viele Leute, man ist nicht allein, man nimmt zusammen Abschied. Ich finde das hilfreich, die Beerdigung zusammen zu begehen. Es ist auch eine Erinnerung, die mir bleibt und die mir guttut.

Da fühle ich mich ihr näher

Ich gehe gerne zum Grab. Als Kind bin ich mit meiner Mutter sehr oft zum Friedhof gegangen, ich fand es eigentlich langweilig. Ich habe nur gemerkt, für meine Mutter ist es wichtig. So ähnlich geht es, glaube ich, den Kindern jetzt mit mir. Ich gehe zum Grab und kann da mit meiner Mutter reden, und da sagt der Oliver: „Mama, warum muß man da extra zum Friedhof gehen? Wenn die Oma im Himmel ist, kannst du doch auch hier mit ihr reden." Da hat er schon recht. Aber mir bedeutet es etwas, daß sie da liegt, da fühl ich mich ihr näher.

(Susanne, 41)

Beim Tod meiner Schwester, da war ich vier, wurde nicht darüber gesprochen. Das war nicht gut. Meine Mutter war damals Kindergärtnerin in dem Kindergarten, in den ich ging. Sie hat mir erzählt, daß ich es nachgespielt habe. Als sie den Raum betreten hat, habe ich die Rolle gewechselt. Es war ganz klar, daß es ein Tabu war. Niemand hat darüber gesprochen. Erst viel später habe ich angefangen zu fragen.

(Iris, 30)

Als meine Schwester gestorben war – sie war 10 und ich war damals 9 –, gab es kein Ritual des gemeinsamen Abschiednehmens. Es war für meine Eltern tabu. Es wird da etwas weggewischt an Gefühlen, es bleibt etwas ungesagt, das hat mich frustriert und meine Eltern erst recht. Gut wäre gewesen: eine Würdigung, die gemeinsame Zeit noch mal anschauen. Da war eine deutliche Zäsur: Es ging darum, es schnell hinter uns zu lassen, damit das nicht deutlich wird. – Wir sind drei Monate später umgezogen.

Wir sind jahrelang am Todestag meiner Schwester weggefahren, wir waren einfach nicht da. In den letzten Jahren habe ich den Auftrag bekommen, etwas auf das Grab zu stellen.

123

*Ich habe das Gefühl, da ist irgend et-
was, das läuft nicht gut. Das ist ein
Sich-drum-herum-Mogeln. Für mich
hat es beides: Einerseits ist es angenehm, ich fühle mich nicht einge-
zwängt. Ich fände es schlimmer, wenn
ich an jedem Todestag kommen und
meinen Eltern beistehen müßte oder
wenn wir alle zusammen am Grab
stehen müßten. Auf der anderen Seite
vermisse ich das Darüber-Reden, das
Gespräch.*

(Regine, 32)

**Viele Dinge
bleiben
unausge-
sprochen,
unbewältigt**

*Man muß eine Beerdigung auch feiern.
Man muß der Trauer etwas entgegen-
setzen ... auch ausleben ... kanalisie-
ren oder in etwas anderes umsetzen.
Ich glaube, daß das ganz wichtig ist.
Vielleicht ist es auch ein Knackpunkt
bei uns, daß in unserer Familie, obwohl wir viel miteinander reden, auch
viele Dinge unausgesprochen, auch unbewältigt geblieben sind, auch was
Abhängigkeitsverhältnisse und Beziehungen in der Familie angeht. Das
drückt sich für mich auch darin aus,
daß meine Mutter, wenn sie mich auf
den Bahnhof bringt, immer noch jedesmal weint.*

(Ute, 35)

Der Tod ist ein Abschied für immer.

Wenn man den Tod verdrängt und damit das Abschiednehmen versäumt, versäumt man etwas, was man nicht nachholen kann.

Ohne Abschied nehmen zu können, ist es aber besonders schwer, die Endgültigkeit der Trennung zu akzeptieren und sich dem Leben wieder zuzuwenden.

Was Rituale zu erkennen geben

Wird in einer Familie viel oder wenig gefeiert? Schon daran kann man das allgemeine Klima und die Stärke des Zusammengehörigkeitsgefühls erkennen. Dabei sind Feste nicht nur Ausdruck eines positiven Familiengefühls, sondern gleichzeitig auch das, was dieses Gefühl hervorruft und fördert. Das ist das Besondere an den Ritualen, daß sie das, was sie zu erkennen geben, immer gleichzeitig erhalten und bewirken. Das bedeutet auch, daß die Änderung eines Rituals eine Veränderung der Gesamtsituation anzeigt und zugleich mit sich bringt. Das Ritual folgt einer Veränderung und verändert in der Folge auch etwas. Wenn der älteste Sohn nach der Scheidung der Eltern den Platz des Vaters am Tischende einnimmt, kann das bedeuten, daß er auch im übertragenen Sinn dessen Platz in der Familie besetzt.

Rituale sagen etwas über Beziehung aus und gestalten sie zugleich. Die Frage, ob Onkel Peter zur Hochzeit eingeladen werden soll, ist besonders dann von Bedeutung, wenn er früher nie bei Familienfesten dabei war, wenn er sich kürzlich mit Tante Marga überworfen hat, wenn er seit drei Monaten eine Punkerin zur Freundin hat. Auch wie das Zubettgehen von Kindern gestaltet wird, zeigt etwas: Ob ein Kind ins Bett gebracht wird oder ob es sich zu verabschieden hat, macht einen Unterschied in der Qualität der Beziehung deutlich.

Rituale sind Ausdruck der Familienidentität. Sie vermitteln die Wertvorstellungen und Überzeugungen einer Familie, das Bild, das sie von sich hat, und das, was sie von sich zeigen will. Werden Meinungsverschiedenheiten als Gefahr für den Bestand der Familie behandelt und deshalb Konflikte ausgeklammert und bestimmte Themen tabuisiert?

Gibt es Grenzen innerhalb der Familie und Raum für Individualität? Wie grenzt sich die Familie nach außen ab? Darf der Achtzehnjährige sein Zimmer abschließen? Muß die Familie jeden Sonntag geschlossen in die Kirche gehen, oder darf die Tochter auch mal ausschlafen? Dürfen fremde Kinder übernachten, darf der Sohn seinen türkischen Schulfreund mit nach Hause bringen?

Sind Feste ein Anlaß, Kindern eine Freude zu machen oder sie zu disziplinieren?

Die ersten Informationen über die Welt und den eigenen Platz in der Welt bekommt das Kind durch Rituale. Sie werden dem Kind nonverbal vermittelt, lange bevor es sprechen kann und Sprache versteht. Ob die Mutter ständig nebenbei telefoniert, während sie das Kind stillt, oder ob sie sich Zeit nimmt und sich ganz dem Kind zuwendet, hinterläßt beim Kind eine Spur, einen Eindruck, wie wichtig und willkommen es auf der Welt ist.

Auch später wirken die unausgesprochenen Botschaften, die in Ritualen vermittelt werden, stärker als die verbalen. Sie bilden den Nährboden für die Entwicklung des Selbstwertgefühles, um so mehr, als sie nicht in Frage gestellt werden, da sie meist weder bewußt vermittelt noch bewußt wahrgenommen werden.

Sie können sogar in krassem Widerspruch zu den verbal verkündeten Erziehungsprinzipien stehen.

Wenn der Sohn immer als erster bedient wird, vermittelt sich der Tochter die Botschaft: „Der Mann kommt immer zuerst. Frauen sind weniger wert", auch wenn die Mutter bei Diskussionen heftig für die Gleichberechtigung eintritt.

Und wenn der Bruder nicht abspülen muß, heißt das für die Schwester: „Haushalt ist ausschließlich Frauensache."

Wenn nur die Erwachsenen bei Tisch sprechen dürfen und die Kinder den Mund zu halten haben, heißt das für das Kind: „Es ist nicht wichtig, was ich zu sagen habe; Erwachsene sind wichtiger als Kinder" oder sogar „ICH bin nicht wichtig".

Wenn der Vater immer wieder mit dem gleichen Stirnrunzeln oder Achselzucken auf die Leistungen seines Sohnes reagiert, sagt er damit dem Sohn: „Du bist nicht gut genug."

Es gehört zu den schönsten Erinnerungen *Als meine Tochter geboren wurde, habe ich zwei Monate nicht gearbeitet. Nachher mußte ich wieder, weil wir sonst nicht genügend Geld gehabt hätten. Die ersten paar Wochen konnte ich sie stillen, dann bekam ich eine Entzündung und sie die Flasche. Aber diese ersten paar Wochen: Wie schön war es, wenn sie trinken mußte! Das war ein richtiges Ritual. Erst natürlich saubere Windeln, dann eine saubere Schürze anziehen (es war in Tunesien und etwas extra Hygiene war* nicht unvernünftig), die Haut gut säubern und dann das Kind nehmen. Es dauerte immer sehr lange, weil sie sehr schnell einschlief und immer wieder geweckt werden mußte, um weiter zu trinken. Aber es gehört für mich immer noch zu den schönsten Erinnerungen, die ich habe. Immer im selben Schaukelstuhl ...

(Nora, 58)

Die Kinder wurden einbezogen

Bei uns zu Hause war es ziemlich locker, aber auch chaotisch. Im nachhinein, nachdem ich jetzt auch andere Familien erlebt habe, habe ich gemerkt, wie wichtig für Kinder auch gewisse Regeln sind und wie schön das auch sein kann. Ich war längere Zeit bei einer Familie zu Gast, und da hat mir das unheimlich Halt gegeben. Bei dieser Familie war es so, es gab nie ein lautes Wort, es waren immer alle gemeinsam bei Tisch, es wurde ein Tischgebet gesprochen, und es gab Gespräche: Jeder konnte frei heraus erzählen, was ihn bewegt, jeder wurde akzeptiert und gleichwertig behandelt und nicht so: „Was redest du denn da schon wieder." Nicht so wie bei uns, wo man sich zweimal überlegt hat, ob man etwas erzählt. Das war wirklich ein tolles Erlebnis. Für mich war es ein Schlüsselerlebnis: „So könnte man es mal machen, später." In dieser Familie wurde auch viel zusammen musiziert. Die Kinder wurden schon früh mit einbezogen, so wie sie es eben konnten. In meiner Familie haben wir zwar alle ein Instrument gespielt, aber wenig zusammen, weil wir meiner Mutter, die selbst Musikerin war, immer zu unmusikalisch waren.

(Bettina, 34; Kinder: 6, 4)

Man kann an einem Essen unheimlich viel ablesen, was in einer Familie Sache ist

Beim Mittagessen war klar, daß der Vater als Ernährer der Familie austeilt und der Kostgast, auch von seiner Stellung höherstehend, der Onkel, als erster etwas kriegt. Und dann kam, wenn ich mich recht erinnere, der Vater selber, und dann die Kinder. Es gab weniger eine Reihenfolge beim Verteilen, als eine Güteverteilung. Ich denke, das gibt es heute noch, mein großer Bruder kriegt immer das beste Stück.

Kinder hatten eh keine Rechte

Beim Essen war alles ganz klar: Kinder hatten eh keine Rechte, sie durften nichts sagen, mußten sich aber alles anhören, wie sie zu sein hatten. Tagsüber ist eigentlich wenig Erziehung gelaufen, speziell von den Männern. Aber beim Essen wurden die Er-

ziehungsmaximen ausgegeben, und da denke ich, hat der Onkel eine große Rolle gespielt, der Papa hat weniger gesagt. Das ist so eine der ersten Sachen, wo ich opponiert habe, daß Kinder bei Tisch nicht reden durften, speziell wenn über mich geredet wurde und ich meine Meinung nicht sagen durfte.

Als Mädchen war ich ziemlich ausgeliefert

Dieses Essensritual war auch eine absolute Entblößung. Ich sehe es jetzt so, daß ich das einzige weibliche Wesen am Tisch war, weil die Mutti meistens bedient hat. Und wenn irgend jemand von den Männern, der Onkel oder mein Cousin oder mein Bruder etwas über mich gewußt hat oder auch etwas gehört oder erfunden hat, dann haben sich alle über mich lustig gemacht, besonders was Freundschaften oder Entwicklung oder so anging und das war eine Geschichte, wo ich ziemlich ausgeliefert war.

Er mußte nicht mit abspülen

Für mich war völlig klar, daß, wenn ich meinen Teller leer gegessen hatte, ich mit abgeräumt habe und daß ich zu den Frauen gehörte, die dann abgespült haben. Wenn mein Cousin mit am Tisch gesessen hat, war für ihn überhaupt nicht klar, daß er mit abräumt. Das sind so Sachen, von denen ich weiß, daß sie mir schon ganz früh gestunken haben, daß ich nicht verstanden habe, warum ich immer abtrocknen oder abspülen sollte und der Cousin, der drei Jahre älter war, nicht.

(Christa, 41)

Der Bruder bekam immer zuerst

Es mußten alle sitzen, bevor angefangen wurde: „Guten Appetit", und dann war klar, daß der Bruder, der der einzige Mann im Hause war, zuerst bekam. Die Hierarchie wurde von meiner Mutter eingehalten, und das wurde auch über Jahre nicht in Frage gestellt. Es fiel mir erst viel später auf, und ich glaube, ihr war es gar nicht bewußt, wo sie doch so für Gleichberechtigung war.

(Ute, 35)

Es wurde nicht darüber gesprochen

Mein Vater war zwar jünger als meine Mutter, aber er hat sich immer so spezielle Sachen herausgenommen. Er mußte das größte Stück Fleisch haben und natürlich am Tischende sitzen. Es wurde zwar nicht darüber gesprochen, aber es war schon auffällig.

(Esther, 38)

Muttis Geburtstag ist immer ein bißchen untergegangen

Geburtstage hatten starken Rangordnungscharakter und zwar deshalb, weil Papas Geburtstag immer am größten gefeiert wurde, obwohl er zwei Tage nach dem von Mutti kam. Ihr Geburtstag ist immer ein bißchen untergegangen und ist einfach bei seinem mitgefeiert worden.

(Christa, 41)

Wie wollen „danke" sagen

Es ist auch während der Woche so beim Abendessen, wenn mein Mann nach Hause kommt, daß wir ein Tischgebet zusammen sprechen. Wenn Freunde da sind, nicht, dann wünschen wir uns nur „guten Appetit", und wir nehmen uns an den Händen und sprechen einen kleinen Spruch zusammen. Aber wenn die Familie geschlossen am Tisch sitzt, dann sprechen oder singen wir ein Gebet. Wir sind beide evangelisch. Aber ich würde es nicht einmal nur religiös sehen, das hat auch den Hintergrund, daß wir auch versuchen, den Kindern begreiflich zu machen, daß es keine Selbstverständlichkeit ist, daß wir an einem so reichlich gedeckten Tisch sitzen dürfen, daß wir einfach „danke" sagen wollen , daß es viele Menschen gibt, die diesen Reichtum überhaupt nicht kennen oder nicht einmal genug zu essen haben.

(Nicole, 38; Kinder: 7, 5)

Sie paßte auf, daß ihre Kinder nicht zu kurz kamen

Vielleicht kam's vom Krieg, weil wir da Untermieter hatten, die bei uns auch mitgegessen haben. Weil es so wenig gab, mußte meine Mutter aufpassen, daß ihre Kinder nicht zu kurz kamen. Jedenfalls später, wenn meine Freunde bei uns zum Essen geblieben sind, hat meine Mutter mir immer mehr auf den Teller getan als den anderen und gesagt: „Iß, mein Junge." Das war mir furchtbar peinlich, und einmal habe ich dann einfach demonstrativ meine Portion geteilt und die Hälfte meinem Freund auf den Teller gelegt.

(Lorenz, 57)

Ein Platz in unserer Familie

Bei uns zu Hause war es üblich, Stoffservietten mit Serviettenringen zu benutzen. Jeder hatte seinen eigenen Serviettenring, an dem er seine Serviette erkannte. Als mein Mann, damals mein Freund, zum ersten Mal in unsere Familie kam, bekam er von meiner Mutter eine Stoffserviette mit Serviettenring. Den Ring durfte er sich selber aussuchen und bekam ihn dann immer, wenn er bei uns zu Gast war. Für mich war das ein Zeichen, daß er auf diese Art in unsere Familie aufgenommen worden war. Wenn meine Mutter gedacht hätte, der kommt vielleicht ein-, zweimal, hätte er eine Papierserviette bekommen und keinen Serviettenring. Davon hat er natürlich überhaupt nichts geahnt.

(Laura, 35)

Daran sehe ich , ob sie noch sauer ist

Wenn sie zum Beispiel wütend auf mich gewesen wäre, und wir hätten es am Nachmittag schon geklärt, dann könnte ich merken, ob sie noch sauer ist, wenn ich Lust hätte, ein Spiel zu machen, das wir immer gerne zusammen spielen und sie es verweigern würde. Für mich sind das dann Möglichkeiten, wieder anzuknüpfen. Aber wenn sie sauer ist, dann verweigert sie solche Rituale. Das wäre bei mir nicht so. Wenn ich auf sie sauer wäre und sie sagen würde: „Komm, wir spielen Abalone", würde ich keine Sekunde darauf herumreiten. Ich wäre sofort dafür.

(Bertram, 40)

Später gab es wieder meinen Lieblingskuchen

In der Zeit, als ich von zu Hause ausgezogen war und die Rituale erst mal alle ablehnte, war es auch nicht möglich, nach Hause zu kommen und einfach so wieder in ein Ritual hineinzuschlüpfen. In dieser Zeit gab es dann auch Rhabarberkuchen, wenn ich nach Hause kam, weil meine Mutter angeblich vergessen hatte, daß ich den überhaupt nicht lei-

den kann. Als wir uns dann wieder verstanden, gab es keinen Rhabarberkuchen mehr, da war es dann wieder das
alte Ritual, der schön gedeckte Kaffee-
tisch mit meinem Lieblingskuchen.

(Lena, 47)

Von der Mutter kriegst du einen Kuß

Je kleiner ich war, desto mehr Rituale
gab es. Da gab es das Gute-Nacht-Ri-
tual. Unten im Wohnzimmer war das
Gute-Nacht-Sagen verbunden mit:
„Gib deinem Vater einen Gute-Nacht-
Kuß", auch im Sinne von Geben, und
oben, wo mein Zimmer war, habe ich
dann von meiner Mutter einen Gute-
Nacht-Kuß bekommen. Das ist auch
schon wieder so was Prägendes: Dem
Mann mußt du etwas geben, und von
der Mutter kriegst du etwas. Das war
mir etwas ganz Wichtiges, der Gute-
Nacht-Kuß von der Mutti. Der hat
auch besiegelt, daß der Tag, daß alles
in Ordnung war. Aber auch, ich glaube
nicht, daß ich das fantasiere, eine Möglichkeit zu bestrafen, zu sagen: „Heute
kriegst du keinen Gute-Nacht-Kuß."

(Christa, 41)

Sag dem Vater noch „Gute Nacht"

Der Vater war im Arbeitszimmer. Ich
mußte anklopfen, er sagte „Herein",
dann erst machte ich die Tür auf, er
drehte sich aber nicht rum, er saß mit

dem Rücken zur Tür, und ich mußte die Hand um seine Schulter legen und ihm Gute-Nacht sagen. Also ich habe mich verabschiedet. Er hat dann irgendwie gnädig „Gute Nacht" gesagt, das war so mein Gefühl. Das war ein Ritual. Vorher sagte meine Mutter: „Sag dem Vater noch Gute-Nacht", und nachher kam sie dann zu mir ans Bett.

Abends beim Vater die Prügel abholen

Das Ritual wurde aber auch umgewandelt in ein Bestrafungsritual. Wenn ich irgend etwas verbockt hatte, tagsüber, dann war es eine Zeit lang so, daß ich mir abends beim Vater die Prügel abholen mußte. Da hat er mich also bestellt und mich dann mit dem Rohrstock verprügelt. Das ging so, bis ich abgehauen bin, bis ich es nicht mehr ausgehalten habe.

Keine körperliche Nähe mehr

Es gab ein Raufritual, catchen nannten wir das, und das mußte immer mein Vater gewinnen. Er war natürlich eine ganze Zeit lang stärker, aber irgendwann war ich stärker. Das konnte ich natürlich nicht zeigen. Da war es rum, da gab es diese körperliche Nähe nicht mehr.

(Norbert, 49)

Danach habe ich mich abgemeldet

Als ich klein war, hatte ich eine „schlechte Haltung", wie mein Vater das nannte. Ich ging immer mit etwas

138

gebeugtem Rücken und hängenden Schultern, jedenfalls nicht so aufrecht, wie er es sich dachte. Um mich daran zu erinnern, daß ich mich gerade halten sollte, machte er immer eine ganz bestimmte Geste: Er zog die Schultern nach vorn und zog sie zwei-, dreimal betont zurück. Das hieß: „Schieb nicht so einen Buckel!" Anfangs machte er das nur im Haus, wenn er ins Zimmer kam und mich lässig dasitzen sah. Aber dann fing er an, das auch in der Öffentlichkeit zu machen. Ich erinnere mich noch genau: Irgendwann wurde ich in den Schulchor aufgenommen, und wir hatten ein öffentliches Konzert. Ich war stolz, im Chor singen zu dürfen, weil nur wenige Kinder aus jeder Klasse aufgenommen wurden. Als wir angefangen hatten zu singen, schaute ich zufällig ins Publikum: Da saß mein Vater in der ersten Reihe und machte immer in meiner Richtung die Geste mit den Schultern. Danach habe ich mich aus dem Chor abgemeldet.

(Philipp, 61)

Maßnahmen, uns im Zaume zu halten

Geschenke wurden zu einem ganz bestimmten Zeitpunkt überreicht, so daß die Spannung ganz wichtig war. Wahrscheinlich kam auch so eine Art Disziplinierungseffekt mit rein. Der führte dann dazu, daß das Kind sich wenigstens so lange im Zaume hält, bis es weiß, daß es jetzt los geht. Das war Weihnachten so, Nikolaus und auch zum Geburtstag. Das war das Ritual. Man mußte sich bescheiden, solange die Wartezeit eben dauerte, man konnte dann gespannt sein, aber man mußte sich mit seiner Vorfreude oder Neugier beschränken bis zu diesem Zeitpunkt. Das war meinen Eltern sehr, sehr wichtig. Also, es war dann später auch so, daß vor dem Geschenke-Auspacken gegessen wurde, auch Weihnachten. Das waren sicher auch Maßnahmen, uns im Zaume zu halten.

(Ute, 35)

Teil einer großen Gemeinschaft

Meine Eltern haben mein Weltbild nachhaltig geprägt, obwohl ich noch keine dreizehn war, als sie starben. Ich werde zum Beispiel nie vergessen, wie bei uns Weihnachten ablief. Mein Vater war Arzt. Jedes Jahr am Nachmittag vor dem Heiligabend nahm er mich und meinen großen Bruder mit ins Krankenhaus, während meine Mutter den Baum schmückte und die Geschenke vorbereitete. Wir gingen zusammen von Krankenzimmer zu Krankenzimmer, unterhielten uns mit den

Patienten und wünschten allen ein schönes Weihnachten. Nachher zu Hause hatte ich ein gutes Gefühl: Es war, als ob ich ein wichtiger Teil einer großen Gemeinschaft wäre und mit allen gemeinsam Weihnachten feiern würde.

(Konstantin, 48)

Das hat sich ganz vehement ausgewirkt

Meine Mutter hatte inzwischen das Weihnachtszimmer vorbereitet, dann klingelte um sieben Uhr die Glocke, und man durfte hoch. Die Kerzen am Baum brannten, und dann kam etwas, das war ganz katastrophal für mich, auf das habe ich mich überhaupt nicht gefreut: Wir, mein Bruder und ich, mußten ein Gedicht aufsagen oder etwas vorspielen, und mir gegenüber saß mein strenger Vater mit zerfurchter Stirn, prüfend, ob ich das auch gut mache, als Oberlehrer sozusagen. Und ich bin ob dieser Observation immer fast zusammengebrochen. Also, das hatte nichts Spielerisches, das war ein Auftritt mit Benotung. Das hat sich bei mir ganz vehement ausgewirkt, bis in die spätere Zeit. In der Schulzeit habe ich mich geweigert, Gedichte auswendig zu lernen, und bekam jedesmal eine 6, wenn ich aufgerufen wurde.

(Norbert, 49)

**Es wird
überhaupt
viel gefeiert
bei uns**

Gefeiert wurde auch der letzte Ferientag. Am letzten Sonntag waren alle wieder da, und dann gingen wir ins Spaghetti Haus oder so essen. Es wird überhaupt viel gefeiert bei uns: Natürlich Geburtstage aber auch außerhalb der Reihe. Wenn jemand einen neuen Schreibtisch gekriegt hat, wird der neue Schreibtisch eingeweiht, oder ein Zimmer wird gestrichen und wieder eingeräumt, und das wird dann gefeiert, oder der Dachboden wird ausgebaut oder der Keller, dann wird eine Party gefeiert, nichts Tolles, mit Cola oder so etwas, was es eben sonst nicht gibt.

(Bernd, 50; Kinder: 18, 16, 14, 10)

**Es lag an der
Beziehung**

Bei uns wurde nicht viel gefeiert. Es lag an der Beziehung zwischen meiner Mutter und meinem Vater, die sich, als ich neun war, ja eigentlich scheiden lassen wollten und das aber nie gemacht haben.

(Norbert, 49)

**Das Enkel-
kind bringt
Entspan-
nung**

Seit meine Schwester ein Kind hat, trifft man sich wieder in einer viel entspannteren Atmosphäre, zum Beispiel zum sechzigsten Geburtstag vom Vater oder von der Mutter. Solange wir Geschwister als die Kinder im Mittelpunkt standen, war auch die ganze Trennungsgeschichte und die Scheidung meiner Eltern mit einem ganzen Knäuel von Problemen im Vordergrund. Aber jetzt, wo mit der Enkeltochter eine neue Generation nachrückt, ist das komischerweise völlig in den Hintergrund getreten. Es ist nicht mehr dieses distanzierte Verhalten und diese gespannte Atmosphäre auf den Festen.

(Ute, 35)

Die Familienfahne war immer dabei

Mein Vater hatte eine Familienfahne gemacht, und an Geburtstagen wurde die aufgehängt und abends wieder heruntergenommen. Das war an allen Festtagen so, auch an Weihnachten. Die wurde sogar mitgenommen nach Dänemark in den Urlaub und wurde da im Ferienhaus hochgehängt. Die Fahne hat er selber gestickt: Mein Vater war Förster, und auf der Fahne hat er mehrere Symbole seines Berufes eingearbeitet: einen stilisierten Baum, ein Geweih, die Erde usw. Sein Beruf hat auch die Familie ziemlich geprägt. Die Fahne wurde dann eben als Familiensymbol genommen. Wir haben sie auf Halbmast gehängt, als meine Mutter starb.

(Moritz, 36)

Diese Beispiele zeigen, wie nachhaltig Rituale wirken können und wie tief die Spuren sind, die sie hinterlassen.

Meine Rituale – deine Rituale

Wenn zwei Menschen zusammen kommen, bringen sie ein ganzes Inventar an unterschiedlichen Erfahrungen, Gewohnheiten, Regeln und Ritualen aus ihren Herkunftsfamilien mit. Diese empfinden sie als „normal" und als „richtig". Je weniger sie andere kennengelernt haben, desto eher halten sie die eigenen für die einzig richtigen. Wenn der Partner nun, indem er sich nach seinen eigenen Regeln verhält, gegen die des anderen verstößt, wird diese Mißachtung der Regeln leicht als Mißachtung der eigenen Person empfunden.

Wenn ein Deutscher eine Italienerin heiratet, ein Afrikaner eine Europäerin oder eine Katholikin einen Griechisch-Orthodoxen, ist es klar, daß es kulturell und religiös bedingte Unterschiede gibt. Die Partner sind darauf gefaßt, daß der andere ganz andere Sitten, Traditionen und Rituale mitbringt. Auch wenn zwei aus unterschiedlichen Milieus kommen, zum Beispiel er vom Land und sie aus der Stadt, müssen sie damit rechnen, daß sie nicht die gleichen Regeln gelernt haben und die gleichen Rituale gewohnt sind.

Aber auch unabhängig von diesen deutlich erkennbaren Unterschieden hat jede Familie ihre eigene Identität, die sie von anderen Familien unterscheidet. Sie zeigt sich in alltäglichen Gewohnheiten, in der Art, Feste zu feiern, miteinander zu reden oder sich ohne

Worte zu verständigen, in der Verwendung von Symbolen, deren Bedeutung nur die Familie kennt.

Es gibt verschiedene Wege, mit diesen Unterschiedlichkeiten klar zu kommen.

Paare können jahrelang darüber streiten, wer die richtigen oder die besseren Rituale hat.

Jeder kann auf den Versuch des anderen, ihm seine eigenen Rituale aufzuzwingen, mit passivem Widerstand reagieren und damit eine Lösung verhindern.

In beiden Fällen vergeben sich die Partner die Chance, zu entdecken, welche Bedeutung die Rituale für sie haben und damit sich und den anderen besser kennenzulernen, sich über ihre jeweiligen Wertvorstellungen klar zu werden und sich darüber auszutauschen. Es kann auch einer der Partner resignieren und seine eigenen Rituale aufgeben, wobei er es dann als Verlust eines Teils seiner Identität empfinden wird, wenn er sich nicht wirklich dazu entschieden hat.

Mit Toleranz und Kompromißbereitschaft kann es dem Paar aber auch gelingen, gemeinsam Lösungen zu finden:

- Sie kommen sich auf halbem Weg entgegen.
- Sie schaffen sich neue Rituale.
- Sie übernehmen jeweils diejenigen des anderen, die für beide passen.
- Sie lassen dem anderen seine eigenen.

Und natürlich gibt es auch die Möglichkeit, daß einer sehr wenig eigene Rituale mitbringt und sich gerne denen des anderen anschließt.

Man kann an Ritualen auch erkennen, in welchem Stadium des Zusammenfindens sich ein Paar befindet:

Haben sie schon gemeinsam eine Waschmaschine

angeschafft, oder bringt jeder noch seine Wäsche zu den eigenen Eltern?

Trennen sie sich an Weihnachten, um zu ihren jeweiligen Eltern nach Hause zu fahren, oder feiern sie gemeinsam, wo auch immer, bei seinen oder ihren Eltern oder auch allein?

Haben die eigenen Bilder schon einen Platz im neuen Zuhause, oder sind sie noch im alten?

Bei mir so –
bei ihm so

Wenn wir bei mir sind, frühstücken mein Freund und ich zusammen, bei ihm nicht.

Ich bin Abendduscher, wie meine Eltern. Ich brauche das, um den Tag abzuschließen. Er ist Frühduscher. Er braucht das, um den Tag zu beginnen.

Mein Freund ist sehr familienbezogen. Es gibt viel mehr Verpflichtungen zum Beispiel zu seiner Familie mitzugehen. Für meine Eltern ist es nicht so wichtig. Wenn er dabei ist, ist es gut. Wenn nicht, macht es auch nichts.

(Iris, 30)

Bei uns
jetzt so

Wenn wir in Urlaub sind, ruft Ingo nie bei seinen Eltern an, um zu sagen, daß wir gut angekommen sind. Das mache ich immer.

Bei uns ist es jetzt so: Wenn er unterwegs ist und spät heimkommt, kann ich erst einschlafen, wenn ich weiß, daß er da ist. Wenn ich später komme, schläft er seelenruhig. Wenn man sich schlecht versteht, kann man gut darüber in Streit kommen. Wenn man sich gut versteht und mitberücksichtigt, daß der andere ein anderer Mensch ist, dann kann man darüber reden. Der Ingo würde mich jetzt zum Beispiel anrufen, weil er weiß, daß ich dann beruhigt bin. Ich brauche mehr Sicherheit, er ist da viel toleranter.

(Susanne, 41)

Am Anfang war es für mich nicht nachvollziehbar

Für Rieke ist es wichtig, damit sie sich heimisch fühlt, daß ihre Bilder an der Wand hängen, und Bilder sind nicht einfach Poster und Plakate, sondern wirklich Originale von Künstlern. Sie kommt aus einer Galeristenfamilie und ist mit Kunst aufgewachsen, während das bei uns einfach nie eine Rolle gespielt hat. Der Wert, den sie dem beimißt, das war mir am Anfang überhaupt nicht nachvollziehbar. Das hat sich insoweit geändert, als ich mittlerweile auch mehr Künstler kenne und Ausstellungen besuche und mir auch schon mal das eine oder andere Bild gekauft habe, so daß für mich langsam dieser Wert entsteht und ich Rieke dadurch besser verstehen kann. Erst mal war mir das so fremd, daß ich es nicht wichtig genommen habe. Aber jetzt haben wir ganz bewußt eine Ecke in der Wohnung, also drei Wände frei gemacht und da soll unsere gemeinsame Galerie entstehen, wo dann Bilder von Rieke und von mir hängen. Das ist ein gemeinsamer Plan.

(Dirk, 33)

Da ist noch ein Teil von mir

Für mich war es so klar, daß ich das anfangs auch gar nicht so formuliert habe, bis ich dann eines Tages zu Dirk gesagt habe, daß ich noch so gern in mein ehemaliges Zimmer gehe, also nach Hause zu meinen Eltern, weil da noch ein Teil von mir ist, weil da noch die ganzen Bilder hängen und daß das noch mein Zimmer ist und daß das alles noch gar nicht bei mir ist. Deswegen muß ich da ab und zu vorbeigehen.

(Rieke, 23)

Erst war es Solidarität

Wir hatten keine Konflikte mit unterschiedlichen Ritualen. Ich war noch eher eingebunden in meiner Familie. Ursel ist nicht so oft heimgefahren wie ich und hat auch die Eltern nicht so viel angerufen. Aber mir wäre es nie in den Sinn gekommen, an Weihnachten allein zu meinen Eltern zu fahren. Daß Ehepaare wieder so tun, als wäre die Primärfamilie die eigentliche und sich an Weihnachten plötzlich trennen, um

149

zu ihren jeweiligen Eltern zu fahren, das kann ich nicht nachvollziehen. Und weil ich die Ursel kenne und weiß, daß sie an Weihnachten nicht nach Hause fährt, wäre ich nie auf die Idee gekommen, zusammen mit ihr zu meinen Eltern zu fahren. Ich habe auch keine Rituale übernommen, sondern wir haben neue ausgebildet.

Vielleicht war es am Anfang Solidarität zu ihr, dann aber auch wirklich meine freie Entscheidung, nicht zu fahren, und ich bin froh, daß meine Eltern das nicht erwarten.

(Bertram, 40)

Wir versuchen es in seiner Richtung

Ich bin in der Großstadt aufgewachsen, in einer ganz anderen Umgebung als mein Mann. Für ihn war Weihnachten das größte Fest, und die Zeit davor war schon etwas ganz Besonderes. An Weihnachten gab es ein großes Essen. Bei uns gab es immer Kartoffelsalat mit Würstchen, weil nicht soviel Zeit da war, was Großes zu machen. Sein Weihnachten war wesentlich festlicher und geheimnisvoller. Wir versuchen es jetzt mit unseren Kindern so in seiner Richtung zu machen. Es ist noch nicht ganz so gelungen, weil wir gerade umbauen, aber letztes Jahr haben wir uns extra noch vom Schreiner die Tür einhängen lassen, damit wir die Tür vom Weihnachtszimmer zumachen können.

(Bettina, 34, Kinder: 9, 7)

Allein würde ich es nicht machen

Lena hat solche Rituale, und für mich war das toll, weil ich seit Jahren nicht Weihnachten mit Baum gefeiert habe; aber bei Lena gab es da keine Chance, da mußte ein Baum her. Das wäre sicher auch so, wenn ihr Sohn nicht da gewesen wäre. Ich allein würde das nicht machen. Weil neben dem Schönen bei der Erinnerung an Weihnachten immer auch der Streß dazu kommt. Sicher wäre das noch mal anders, wenn ich selber Kinder hätte.

(Norbert, 49)

Kollision mit dem Fernseher

Ein Ritual, das Norbert aus seinem Single-Leben mitgebracht hat und das mit meinem oft kollidiert ist, war, daß er jeden Abend um acht Uhr die Tagesschau sehen mußte, egal, ob wir mitten im Gespräch waren, ob wir uns gerade gestritten oder gerade gelacht hatten oder ob gerade das schönste Essen auf dem Tisch stand. Und wenn der Fernseher mal an war, dann blieb er auch meistens an. Nun kann ich es absolut nicht leiden, vor dem Fernseher zu essen. Für mich hat Essen nicht nur mit

*Nahrungsaufnahme zu tun: Der Tisch
muß ein bißchen nett sein, und es muß
auch etwas Zeit sein, um reden zu können. Deshalb bin ich jetzt froh, daß das
Problem im Moment dadurch gelöst
ist, daß wir da, wo wir jetzt leben, keinen Fernseher haben.*

(Lena, 47)

Vorläufige Lösung des Konflikts: Entfernung des Ob-
jekts des Anstoßes.

**Italien –
Deutschland:
1 zu 1**

*Wir haben schon sehr gemerkt, daß wir
aus verschiedenen Kulturen kommen.
Zum Beispiel haben wir jahrelang darüber gestritten, was wir unseren Gästen anbieten, wenn wir sie zum Essen
einladen. Für mich als Italienerin war
es völlig klar, daß es eine Vorspeise geben muß, er fand das übertrieben. Bei
ihm gehörte allerdings eine Nachspeise
dazu. Wir haben zwanzig Jahre ge-
braucht, um auf einen gemeinsamen
Nenner zu kommen: Jetzt gibt es Vorspeise, Hauptgericht und Nachspeise.
Auch mit der Anzahl der Gläser waren
wir nicht einer Meinung. Er meinte,
daß eines genügt, während es für mich
eigentlich drei sein mußten. Inzwischen stellt er freiwillig zwei Gläser
auf den Tisch.
Beim Stichwort Gäste fällt mir auch*

noch ein, daß ich es völlig unmöglich fand, daß er sich in sein Arbeitszimmer zurückzog, während sein Bruder zu Besuch da war. Für mich war es selbstverständlich, daß man sich um den Besuch kümmert, das heißt, daß man die Zeit gemeinsam mit ihm verbringt, solange er da ist. Aber ich habe gemerkt, daß es meinen Schwager gar nicht gestört hat, er hat es gar nicht erwartet, er fand es ganz normal.

(Donna, 60)

Jetzt klappt es

In Gerds Familie war es undenkbar, daß man sich im Morgenrock an den Frühstückstisch gesetzt hat. Es könnte ja der Briefträger klingeln oder eine Nachbarin. Und dann sehen die einen im Morgenrock, welche Schande! In meiner Familie ging es lässiger zu, da saß meine Mutter auch mal werktags im Morgenrock am Frühstückstisch und las die Zeitung. Deswegen war es für mich auch normal, erst mal zu frühstücken und mich dann anzuziehen. Das gab Verstimmungen. Ich wollte gleich nach dem Aufstehen frühstücken, und er war stundenlang im Bad, hat geduscht und sich angezogen. Außerdem fand ich es doof, daß ich immer allein fürs Frühstückmachen zuständig war, und er fand es

nicht so toll, daß ich noch nicht angezogen war. In den ersten Jahren haben
wir versucht abzuwechseln: Einmal
ziehen wir uns beide erst an und machen dann gemeinsam das Frühstück,
das nächste Mal frühstücken wir sofort, beide im Morgenrock. Seit einigen
Jahren haben wir aber eine Regel gefunden, die ich noch besser finde. Ab-
wechselnd geht einer von uns gleich
nach dem Aufstehn im Morgenrock in
die Küche und macht das Frühstück,
und der andere zieht sich in der Zwi-
schenzeit an. Nach dem Frühstück
räumt dann der andere das Geschirr
weg und spült ab, während der eine solange ins Bad geht und sich anzieht. So
sind wir dann gleichzeitig fertig, und
jeder hat was dazu getan. Das klappt
ganz gut so.

(Maria, 40)

**Handtücher
gehören ins
Bad**

Er nennt mich schlampig, ich nenne ihn
über-ordentlich. Wir haben zum Beispiel zu Hause immer die Handtücher,
wenn wir geduscht haben, erst mal
zusammengeknüllt oder irgendwohin
mitgenommen. Dirk ist das einfach anders gewohnt, bei dem muß man die
Handtücher immer ganz brav im Bad
aufhängen, damit sie keine Stock-
flecken bekommen oder anfangen zu
muffeln. Das haben sie bei uns auch

nie. Aber bei ihm gilt einfach die Regel: Handtücher haben das Bad nicht zu verlassen und müssen ordentlich aufgehängt werden.

(Rieke, 23)

Jetzt versuche ich es mit Humor

Rieke läßt das Handtuch nicht nur im Bad einfach rumliegen, sie schlingt es sich um die nassen Haare und legt sich damit ins Bett und liest. Und wenn ich dann ins Bett will, fasse ich in eine nasse Masse. Das hat mich total genervt, am Anfang. Jetzt versuche ich das eher mit Humor zu nehmen. Ich komme in die Küche und rufe: „Du, Rieke, ich habe gerade was entdeckt!" Und wenn sie dann neugierig fragt: „Was denn?" sage ich: „Ein total nasses Handtuch auf meinem Kopfkissen. Darf ich es aufhängen?"

Einmal darf sie bestimmen, einmal ich

Noch ein Beispiel für unsere Unterschiedlichkeit: Wenn wir gemeinsam zum Zug müssen, dann ist Rieke diejenige, die – wenn wir zehn Minuten zum Bahnhof brauchen – eine halbe Stunde dafür veranschlagt, damit sie auch wirklich 100prozentig pünktlich ist und sicher, daß sie den Zug nicht verpaßt und noch Ruhe und Zeit hat. Und ich bin derjenige, der auf den absolut letzten Drücker losgeht und im Grunde innerlich damit kalkuliert, daß der Zug eh Verspätung hat. Mei-

155

stens krieg ich ihn auch nur deshalb, weil er Verspätung hat. Und es nervt mich tödlich dieses Früh-aus-dem-Haus-Gehen, und Rieke nervt es tödlich das Auf-den-letzten-Drücker-Dasein. Wir haben das mal mit Freunden diskutiert, und die haben einen sehr guten Vorschlag gemacht: „Ihr fahrt ja öfter gemeinsam weg. Dann müßt ihr einfach sagen: Einmal hat Rieke das Recht, den Zeitplan zu bestimmen, und du mußt dich unterordnen, und das nächste Mal hast du das Recht und Rieke muß sich unterordnen." Wir haben es auch schon ausprobiert, und es hat funktioniert. Rieke fiel es leichter, sich auf meine Zeit einzulassen, weil sie wußte, wenn wir ihn jetzt verpassen, bin ich schuld und muß gucken, was weiter passiert. Es hat sie nicht mehr so gestreßt. Und wir haben den Zug gekriegt.

(Dirk, 33)

Das erste Weihnachten ist eskaliert

Wir haben die gleichen Feste gefeiert, es ist eben nur die Art der Feier verschieden. Zum Beispiel Weihnachten: Also während der Vorbereitung saßen wir Kinder in der Badewanne, das Weihnachtszimmer war zugesperrt, und es wurde immer irgend etwas Schnelles gekocht, was wenig Aufwand machte, damit es nicht zu viel

Hektik gab für meine Eltern. Wir ha-
ben das also weniger vom äußeren
Rahmen her festlich gestaltet als viel-
mehr von der inneren Einstellung her.
Es war viel Ruhe da, und es war so
richtig angenehm.

In der Familie meines Mannes war es
so, daß es unglaublich festlich gestaltet
worden ist. Da war die Familie un-
glaublich festlich gekleidet, das Haus
war unheimlich schön geschmückt, es
gab auch was ganz Tolles zu essen, aber
die Mutter war meistens kurz vor dem
Nervenzusammenbruch, und es gab
fast jedes Weihnachten einen Streit
zwischen den Eltern.

Das erste Weihnachten bei uns ist der-
artig eskaliert, nachdem alle Gäste weg
waren, daß wir einen wahnsinnigen
Streit hatten. Das hat sich dann noch
einmal wiederholt im Jahr drauf, und
dann haben wir eingesehen, daß es so
nicht sinnvoll ist.

(Nicole, 38; Kinde:. 7, 5)

Mein Schwager behauptet, man dürfe
keinem Paar erlauben zu heiraten, be-
vor es nicht über Weihnachten gespro-
chen hat.

(aus: Wolin, S. J. und Bennet, L. A., Fa-
mily rituals, 1984)

Heiligabend ist schon für sich genom-
men und also auch für stinknormale,
vollständige Kleinfamilien ein Tag, der
erst einmal bewältigt sein will. Denken
wir nur an Familien, in denen der eine
Partner sich an Kerzenschein, Tannen-
grün, trautem Liedgut und aufwendig
verpackten Geschenken erfreuen
möchte, während der andere als Nach-
weis von hochgradigem Konsumekel
ein paar unverpackte Kleinigkeiten auf
den Gabentisch knallt. Und sich dann
vor die Glotze hockt.
Was im übrigen glatt ein Trennungs-
grund wäre.

(Burkard Strassmann, aus der „Zeit"
vom 28. 12. 1998)

Hier ein Auszug aus einem gemeinsamen Gespräch mit
Laura und Gustav, in dem nicht nur die Unterschiede
besonders deutlich werden. Man kann auch den Prozeß
der Annäherung verfolgen, der stattfindet, während die
Partner über ihre Rituale sprechen und einander
zuhören.

L.: Man merkt, wenn zwei Familien zu-
sammenkommen auch die unter-
schiedlichen Kulturen, die sich in so
Kleinigkeiten zeigen, zum Beispiel wie
man den Weihnachtsbaum schmückt.
Der Baum, den seine Familie dieses
Jahr hatte, war auch sehr, sehr schön,

aber im Stil ganz anders als unserer.
Und ich merke, daß ich dem Alten
nachhänge, aber nur weil ich es kenne.

Man hängt am Alten, nur weil man es kennt.

L: Beim Essen war ein ganz großer Un-
terschied zwischen unseren Familien:
Bei uns standen die Schüsseln auf dem
Tisch, bei ihm wurden die Teller in der
Küche gefüllt und auf den Tisch ge-
bracht. Bei uns wurde angefangen,
wenn alle saßen und sich genommen
hatten. Früher gab es sogar noch ein
Gebet, oder man faßte sich an den
Händen und sagte „Guten Appetit".
Das war in seiner Familie ganz anders.
Wenn der Vater fertig war, dann fing er
mit dem Nachtisch an, egal wie weit
die anderen waren. Das hat mich am
Anfang sehr gestört in seiner Familie.
Ich mag es einfach, wenn man gemein-
sam anfängt und das Essen auch ge-
meinsam beendet und daß man wartet,
bis alle sich genommen haben. Das ist
für mich ein Zeichen von Respekt.
Wenn ich bei ihm zu Hause bin, dann
merke ich, das stört niemanden.

Was einen stört, ist für andere völlig normal.

L: Ich erinnere mich – als wir noch
nicht so lange zusammen waren –, da

kam ich einmal nachts nach der Vor-
stellung nach Hause, hatte mich beeilt,
um schnell da zu sein, und Gustav
macht die Tür auf und ißt. Ich war so
verletzt, daß er nicht gewartet hatte. Er
wußte ja, ich muß jeden Moment kom-
men. Ich hatte auch Hunger, aber der
war mir in dem Moment vergangen,
weil ich so schockiert war. Er hat sich
überhaupt nichts dabei gedacht, er hat
sich halt was zu Essen gemacht. Er
hätte meinetwegen früher was essen
dürfen, aber er hätte nicht die Tür auf-
machen dürfen, kauend. Das hat mich
irgendwie getroffen, ich habe mich
mißachtet gefühlt ... und das muß man
dann irgendwie klären.

Die Verletzung ihrer Regeln hat sie als Person verletzt.
Was kann nun klären heißen? Bestenfalls: begreifen,
daß der andere einfach andere Regeln gelernt hat. Wenn
die Bereitschaft dazu da ist, diese Regeln kennenzulernen und zu verstehen, welche Bedeutung sie für ihn haben. Statt mit Verteidigung der eigenen und Abwertung
der Rituale des anderen zu reagieren, kann ein positiver
Prozeß in Gang kommen. Er besteht darin, zu erkennen,
wie wichtig einem die eigenen Rituale sind, welche
man unbedingt behalten will und auf welche man genauso gut verzichten kann, welche man vom anderen
übernehmen will und wo man gemeinsam neue entwickeln muß.

G.: Das liegt einfach daran, daß wir aus ganz unterschiedlichem Milieu kommen: Sie kommt aus einem großbürgerlichen Haus mit Intellektuellen und Künstlern und Ingenieuren, und meine Familie kommt aus dem bäuerlichen Milieu. Und ich merke an so vielen Details, daß es bei ihr viel ritualisierter ist, als bei uns, viel mehr geregelt und aus der Tradition heraus: „Das hat meine Mutter schon so gemacht, und deshalb mache ich das auch."

L.: Das Essen hat wirklich für mich und für meine Familie eine große Bedeutung. Es ist für uns wichtig, was und wie gegessen wird, man ißt nicht nur, um satt zu werden. Das ist in seiner Familie nicht ganz so wichtig, da ist es eher so eine Ernährungssache.

G.: Bei uns kamen die Leute vom Feld, setzten sich hin und zwar alle, auch die Knechte und Mägde, und aßen alle zusammen. Man hat zusammen gearbeitet und dann zusammen gegessen. Es war wichtig, daß alle da waren, aber nicht, wann wer was nimmt oder wann aufhört. Das war nicht so ritualisiert.

L.: Was ich in seiner Familie sehr schön finde, ist, daß da zu Weihnachten die ganze Familie zusammen kommt. Bei

mir war das eigentlich ein besserer
Sonntag, weil alle so verstreut waren.
Ich genieße es jetzt, in so einer großen
Familie zu sein, oder auch das Gefühl,
sie sind in der Nähe und rufen an. Das
finde ich irgendwie schön, so einen
Rückhalt zu haben, auch wenn man
nicht zu jedem einzelnen so einen be-
sonderen Draht hat. Aber es ist eine
große Familie, das gefällt mir.

Das andere hat auch etwas für sich.

G.: Bei ihr ist das alles viel ritualisier-
ter, zum Beispiel der Weihnachtsbrief
deiner Mutter: Sie schreibt jedes Jahr
an Weihnachten einen Rundbrief, wo
sie erzählt, was in dem Jahr alles pas-
siert ist und schickt den an die Ver-
wandten. So etwas wäre bei uns völlig
undenkbar. Bei uns ist es mehr so eine
Nestwärmesituation, wo jeder kom-
men und gehen kann, wie er will. Man
hängt sowieso enger zusammen, und
da ist es gar nicht so notwendig, sich
auf die Art mitzuteilen.
Diese Ritualisierung, wie ich sie in
Lauras Familie erlebe, macht das Le-
ben einfach unspontaner. Andererseits
hat es sicher auch Vorteile, wenn man
weiß, daß das und das passiert, man
kann sich darauf verlassen. Auch so ein
Weihnachtsbrief ist sicher eine schöne

Sache. Aber die größere Ritualisierung
macht das alltägliche Zusammenleben
schon etwas kälter.

L.: Der einzelne ist isolierter und kann
auch isolierter bleiben, er kann sich
hinter den Formen verstecken.
In seiner Familie finde ich schön, daß
ich so herzlich aufgenommen werde,
schon mal aus der Tatsache, daß ich zu
ihm gehöre. Das bin gar nicht so sehr
ich, das ist auf der einen Seite aber
auch schön, weil ich dann einfach dazu
gehöre. Bei meiner Mutter ist es vielmehr so, daß sie guckt, wer ist das. Es
ist nicht so eine grundsätzliche An-
nahme, einfach weil er zu mir gehört.
Sie bemüht sich gerade darum, aber sie
muß sich vielmehr dazu erziehen, den
anderen einfach so anzunehmen. Sie
hat eine kritischere Haltung, die sich
auch stark an diesen Ritualen orien-
tiert: Benimmt der sich auch richtig?
Das finde ich eigentlich nicht schön.
Diese Herzlichkeit von seiner Mutter,
obwohl sie weniger mit mir zu tun hat,
das ist wärmer, ich werde erst mal angenommen. Das ist schön, und das ist
etwas, das es in meiner Familie nicht
gibt. Das ist etwas, das ich für mich
übernehmen möchte ... egal, ob man
den Käse mit dem richtigen Messer
schneidet. Ich finde wichtig, daß man

*sich klar macht, daß es etwas ist, das
mit mir zu tun hat: Wenn es mir Spaß
macht, den Tisch auf eine bestimmte
Art zu decken und ich das bestimmte
Käsemesser benutze, dann ist es meine
Sache, und ich muß nicht von allen am
Tisch erwarten, daß sie es genauso machen oder genauso sehen wie ich. Das
muß man sich immer mal wieder sagen: Ich kann das ja gerne so machen,
weil es mir gefällt, aber es muß nicht
allen anderen auch so gehen und schon
gar nicht, daß die anderen weniger wert
sind, wenn es ihnen nicht so geht, wie
mir.*

(Laura, 36; Gustav, 39)

Auch wenn zwei es geschafft haben, die Unterschiede
unter einen Hut zu bringen, die sich an so Alltäglich-
keiten wie dem Umgang mit nassen Handtüchern
oder mit dem Fernseher offenbaren, und wenn sie einen Platz für eigene und gemeinsame Rituale gefunden haben, ändert sich die Situation vollständig,
wenn ein Drittes dazu kommt: das erste Kind. Die
gravierendsten Veränderungen erlebt zunächst die
Frau. Wenn sie berufstätig war, verliert sie alles, was
der Beruf ihr gegeben hat. Sie kann über ihre Freizeit
nicht mehr verfügen, denn sie hat keine mehr. Beide
Partner verlieren die Rituale der Gemeinsamkeit, die
sie vorher möglicherweise entwickelt hatten: Sonntags lang schlafen, im Bett frühstücken, sich nach der
Arbeit zum Bummeln treffen, am Wochenende mit

Freunden wandern. Und sie können nicht mehr spontan entscheiden, gemeinsam ins Kino oder essen zu gehen.

Auf diese Umstellung sind die jungen Eltern meist nicht vorbereitet, auch wenn sie vorher gemeinsam einen Wickelkurs besucht haben.

In dieser Situation der extremen Veränderung kann es passieren, daß die Partner Verhaltensweisen an den Tag legen, die dem Rollenverhalten ihrer Herkunftsfamilien entsprechen, obwohl sie es eigentlich ganz anders machen wollten: Der Mann hat plötzlich das Gefühl, daß der Haushalt ihn überhaupt nichts mehr angeht, weil die Frau ja jetzt zu Hause ist; die Frau fühlt sich für das Kind allein zuständig und kompetent und gibt dem Mann dadurch gar keine Chance, sich um das Kind zu kümmern und seinen Platz als Vater einzunehmen. Das kann der Anfang eines Teufelskreises sein, der manchmal nur schwer zu durchbrechen ist. Ein mögliches Muster einer solchen Eskalation sieht folgendermaßen aus: Der Mann fühlt sich von der symbiotischen Beziehung zwischen Mutter und Kind ausgeschlossen und reagiert mit Eifersucht; er zieht sich immer mehr zurück und flüchtet in seine Arbeit. – Die Frau fühlt sich allein gelassen mit Kind und Haushalt und wird unzufrieden. Je mehr sie ihm Vorwürfe macht, daß er sich so wenig kümmert, desto weniger fühlt er sich wohl zu Hause, was zur Folge hat, daß er sich noch mehr zurückzieht, woraufhin sie noch unzufriedener wird ...

Um eine solche Entwicklung zu verhindern, ist es wichtig, daß die Partner sich darüber verständigen, wie sie sich unterstützen können, was sie von einander brauchen und erwarten. Dabei können Rituale gefunden werden, die helfen, die neuen Aufgaben gerecht zu verteilen, die Zeit neu zu strukturieren, den Platz als Vater beziehungsweise als Mutter zu finden und sich als Paar nicht zu verlieren.

Wenn das gelingt, sind die beiden gut darauf vorbereitet, die Veränderungen, die im Laufe der Entwicklung immer wieder notwendig werden, gemeinsam zu meistern.

Es kommt eine ganze Dimension dazu

Wir haben zwei Jahre als Studenten zusammen gelebt. Da haben wir nur für unsere Arbeit und unsere Liebe gelebt. Wir haben den Tag zur Nacht gemacht und die Nacht zum Tag. Wir hatten ziemlich schnell den Wunsch, ein Kind zu haben. Aber man kann sich vorher nicht klar machen, man hat keine Vorstellung davon, was das bedeutet. Mit der Tatsache, daß ein Paar ein Kind hat, kommt eine ganze Dimension in dieses bis dahin Zweisame dazu. Und damit ändert sich alles, alles von Grund auf, und es kommt darauf an, wie man damit umgeht. Es kann alles zerstören, was vorher an Glück und Liebe und Erotik und Leidenschaft und Begeisterung für einander da war, es kann es bereichern, und es kann es normalisieren, besänftigen und auf den Boden der Realität holen.

(Cecilia, 55)

Halbe –
Halbe

Die Kinderfürsorge hat bei uns eigentlich ganz toll geklappt. Dabei kamen uns unsere Schlafgewohnheiten sehr gelegen. Ich schlafe in der ersten Hälfte der Nacht schlecht und Donna in der zweiten. Da in der Nacht automatisch derjenige aufgestanden ist, der wach lag, ist daraus das Ritual entstanden: die erste Hälfte der Nacht bin ich dran, die zweite Hälfte Donna. Das war dann auch verpflichtend, darauf konnte man sich verlassen.

(Erich, 64)

Er hat es
erst lernen
müssen

Als ich mit meinem jetzigen Mann zusammenkam, sind diese Rituale, die ich mit meinem Sohn hatte, wieder durchbrochen worden, weil eine dritte Person dazukam. Mein Mann hat im Grunde immer allein gelebt, und er hat Rituale nicht so wichtig genommen. Das war für mich ein Problem, er hat es auch erst lernen müssen. Zum Beispiel nach dem Essen: Wer bringt das Kind ins Bett, wer geht mit ihm ins Bad, wer hilft ihm beim Ausziehen, wie macht man das mit Geschichten. Und jetzt ist es einfach eingespielt.

(Katharina, 44, Sohn, 8)

In Alltagsritualen geraten unterschiedliche Wertvorstellungen und Rollenerwartungen miteinander in Konflikt. Man kann zwar sowohl katholische wie griechisch-orthodoxe Feste gemeinsam feiern, aber man kann die Kinder nicht sowohl im katholischen als auch im griechisch-orthodoxen Glauben erziehen. Man kann den Kindern nicht die Idee der Gleichberechtigung nahebringen und gleichzeitig für den Sohn andere Regeln gelten lassen als für die Tochter.

Deshalb ist es für die Erziehung der Kinder wichtig, daß sich die Eltern über ihre jeweiligen Wertvorstellungen und Rollenerwartungen klar werden und auseinandersetzen, um eine gemeinsame Linie zu finden. Wenn das nicht passiert und die Kinder vom Vater und von der Mutter unterschiedliche Botschaften bekommen, geraten sie in einen Konflikt: Sie wissen nicht, wem sie glauben und wonach sie sich richten sollen. Das kann dazu führen, daß sie „ungezogen" werden und nur noch das tun, was sie wollen; dadurch aber auch den notwendigen Halt und die Sicherheit verlieren. Oder daß sie zum Verbündeten eines Elternteils werden und dadurch unweigerlich in einen Loyalitätskonflikt geraten.

Wir haben alle mitgemacht

Ostern ist für meinen Vater – er ist griechisch-orthodox – die wichtigste Feier. Als wir klein waren, sind wir an Ostern mit zur griechischen Kirche und haben Ostern mitgefeiert. Das haben wir alle mitgemacht, auch meine Mutter. Da hat mein Vater sehr viel Wert drauf gelegt. Meiner Mutter hat es Spaß gemacht und uns eigentlich auch. Das war kein Zwang. Er hat ansonsten versucht, sein Christsein zu pflegen und uns einzubinden, aber wir haben alle immer nur abgeblockt. Er hatte eine Madonna im Gang stehen, die er am Sonntag angebetet hat. Das haben wir nicht so ernst genommen. Das war damals schon so, und das ist heute noch so, das macht er halt für sich.

Weihnachten haben wir schon auch gefeiert. Da war es nämlich so, daß meine Mutter mehr diejenige war, die das pflegen wollte auf die Art und Weise, die sie von zu Hause her kennt. Der Vater kannte es nicht so, er hat aber mitgemacht. Das fand er gut.

Da sind schon Welten aufeinander geprallt

Bei anderen Sachen daheim, da muß ich sagen, gab es sehr viele Kämpfe. Da sind schon verschiedene Welten aufeinandergeprallt. Und es gab immer Streit wegen uns Kindern. Zum Beispiel meinetwegen, weil ich als Mädchen länger ausgehen wollte und er es nicht erlaubt hat. Ich habe es trotzdem gemacht, und meine Mutter hat zu mir gehalten. Er war da sehr viel strenger, speziell was die Mädchen anbetraf. Meinem Bruder hat er alles erlaubt. Meine Mutter hat versucht, ihre Erziehungsprinzipien durchzusetzen. Es haben sich meistens die Pole gebildet, daß wir zu meiner Mutter gehalten haben und meine Mutter zu uns.

Wenn ich jetzt daran denke, dann tut es mir eher leid, und es macht mich

traurig. Ich kann gar nicht normal darüber reden. Er hat wahrscheinlich ganz
schön was aushalten müssen bei uns.

(Helena, 39)

Ich fühle Wir haben nicht grundsätzlich andere
mich unter- Rituale, aber eine andere Art, damit
wandert umzugehen. Es paßt mir nicht, daß
das, was mir sehr wichtig ist, zum Beispiel das Musizieren in der Advents-
und Weihnachtszeit von ihm leicht
ironisiert oder durch abfällige Bemerkungen entwertet wird. Das empfinde
ich als Kränkung. Wenn ich Rituale
will, dann will ich sie auch ernsthaft
durchführen und fühle mich dann von
meinem Mann boykottiert. Die Kinder tendieren ganz schnell zu ihm,
weil das dann viel leichter und locke-
rer ist in der Art, wie er das macht.
Das ist grundsätzlich ein Problem bei
uns. Das gilt auch für ganz einfache
Regeln, wie Tischsitten, Hausregeln
und so ... Heute ist das nicht mehr
ganz so, weil die Kinder größer sind
und anfangen, selber Werte zu erkennen. Aber bei den beiden Kleineren ist
es immer noch so, daß ich mich unter-
wandert fühle.

(Elke, 49; Kinder: 18, 16, 14, 10)

Wir haben einen guten Mittelweg gefunden

Nachdem es am Anfang unserer Ehe jedesmal an Weihnachten eskaliert ist, habe ich mich irgendwo durchgesetzt. Es ist jetzt schon so, daß wir einen guten Mittelweg gefunden haben. Wir kleiden uns auch anders, in meiner Kindheit waren wir im Schlafanzug dann im Wohnzimmer – jetzt ziehen wir uns alle schön an, und es ist auch so, daß das Weihnachtszimmer festlich dekoriert ist. Es ist natürlich schön, wenn es festlich ist bei uns, aber viel wichtiger für die Kinder ist, daß man eine ungetrübte Vorfreude vermitteln kann, die weniger belastet wird durch schlechte Stimmung oder Genervtheit oder Gereiztheit der Eltern. Und an dem Punkt merke ich schon, daß wir aus ganz unterschiedlichen Familien kommen.

(Nicole, 38; Kinder: 7, 5)

Die Erinnerungen pflanzen sich fort

Wir haben in unserer Kleinfamilie neue Rituale oder besser gesagt, neue Mixturen geschaffen. Mein Mann und ich, wir haben je ein Stückchen aus der eigenen Kindheit hineingebracht. Ich habe zum Beispiel mit den Kindern immer ein Gutenachtlied gesungen, das mir als Kind sehr ans Herzen gewachsen war, und ich merke, daß sie es genauso lieben, wie ich damals. Mein

171

Mann kannte es gar nicht. Er hat ihnen wiederum Sprüche und Reime weitergegeben, mit denen ihn damals sein Vater zum Lachen brachte. Die waren mir unbekannt. Ich finde es schön zu sehen, wie die künftigen Erinnerungen unserer Kinder in den Erinnerungen an unsere Kindheit ihre Wurzeln haben, und es gefällt mir, mir vorzustellen, wie es weitergeht, wenn sie wiederum Kinder haben.

(Charlotte, 42, Kinder: 10, 7)

Noch einmal ein Ausschnitt aus einem Gespräch mit einem Paar: Hier mit Carmen und Niklas, die inzwischen zehn Jahre zusammenleben und eine gemeinsame Tochter haben.

N.: Carmen und ich kommen aus extrem unterschiedlichen Familien. Sie kommt aus einer Lehrerfamilie mit einem ganz geregelten Tagesablauf, was sich schon aus dem Beruf der Eltern ergeben hat und mit ganz festen Ritualen, zum Beispiel wie Feste gefeiert werden. Ich komme aus einer Arbeiterfamilie, wir hatten schon ein Familienleben, aber nicht so in festen Bahnen. Mein Vater war lange Zeit Feuerwehrmann und sehr wenig und zu unregelmäßigen Zeiten zu Hause. Meine Mutter haßte Rituale, außerdem hat sie sehr viel ge-

arbeitet. Dadurch hatten wir nicht einmal die Chance eines gemeinsamen Mittagessens. Überhaupt war der Umgang miteinander völlig anders, nicht so intellektuell geprägt. Es wurde nicht viel miteinander geredet. Aber was bei uns in der Familie wahnsinnig toll war, das war der gegenseitige Rückhalt. So wenig es solche Rituale gab, gab es das Gegenseitig-füreinander-Einstehen, ohne daß man viel Worte darüber verloren hätte. Das merkt man, wenn man in einem Problem steckt, dann wird man aufgefangen.

C.: Besonders kraß war der Unterschied für mich, als ich das erste Mal zu seinen Eltern kam. Mein Vater kommt aus Ostpreußen. Wenn da Gäste kamen, wurde drei Tage lang gefeiert. Bei uns ist es nicht mehr ganz so, aber jedenfalls werden Gäste bewirtet, und man ist für sie da. Dann komme ich zu Niklas's Eltern: Der Niklas hat mich da abgestellt und ist zu seinem Auto gegangen und hat in der Werkstatt bei seinen Eltern gearbeitet. Sein Vater war nicht da. Seine Mutter hat mich begrüßt und dann weiter ihre Sachen gemacht. Sein Bruder kam mal kurz vorbei, hat mich angeguckt, als wäre ich eine Erscheinung und ist weitergegangen. Ja, und dann stand ich da und hatte keine Ahnung, was ich machen sollte, ob ich mir was zum Trinken nehmen durfte oder ... Ich wurde auch nicht bewirtet. Ich war wie ausgesetzt. Also, extremer konnte es nicht sein.

N.: Ich weiß noch, als ich das erste Mal zu Carmens Eltern ging. Da hatte ich richtig Bammel davor. In meinem Freundeskreis kamen fast alle aus dem Arbeitermilieu und waren durch die Bank der Stolz ihrer Eltern. Es war aber einer dabei, der aus einer Lehrerfamilie kam und daher kannte ich auch diese Rituale, über alles zu reden, diese Feste, wie sie abzulaufen haben, die Tischsitten usw. Und da hatte ich einfach das Gefühl, ich packe das nicht, weil ich auch die Erfahrung gemacht hatte, daß diese Rituale wirklich erstarrt waren.

Die Rituale, die wir heute haben, die haben wir zum Teil von Carmen übernommen. Am Anfang mußte ich mich fast dazu zwingen, weil ich es einfach nicht so gewohnt war, vor allem diese festlichen Rituale wie zum Beispiel Kindergeburtstag oder so etwas. Aber jetzt finde ich es gut. Über die Alltagsregeln waren wir uns schnell einig: zum Beispiel das gemeinsame Essen, das ist schon so ein Familienschwerpunkt für uns, wo alle sitzen bleiben, bis wir gegessen haben, wo nicht nebenher gelesen wird oder gespielt. Das wollten wir beide so, wahrscheinlich aus dem Bedürfnis heraus, wenigstens eine gemeinsame Basis zu haben, weil man sich tagsüber wenig sieht und manchmal auch am Wochenende nicht viel mehr. Es war auch schon immer klar, daß ich die Kinder in die Schule oder in den Kindergarten bringe und Carmen sie wieder abholt.

C.: Bestimmte Sachen waren mir so wichtig, daß ich sie einfach gemacht habe. Ich war ja auch in der Situation: Der Niklas ist mein Freund, aber erst mal nicht der Papa von Nils. Es hat eine Weile gedauert, bis Niklas mitgemacht hat. Bei der Kindererziehung habe ich bestimmt. Und der Niklas ist da allmählich reingewachsen. Am Anfang hat er zugeschaut, und später hat er dann mitgemacht. Aber ich habe nicht gesagt: „Du mußt das jetzt auch so machen."

N: Ich denke, für unsere Kinder gibt es vielleicht eine ganz gute Mischung, solange keiner von uns zu bestimmend wird: Ich würde es ihnen nicht wünschen, so aufzuwachsen wie ich, ich würde es andererseits aber auch nicht

ganz so gut finden, wenn sie so extrem ritualisiert aufwachsen würden wie Carmen.
Was ich selten mitgekriegt habe, ist, daß es so gut geht, daß Leute aus so unterschiedlichen Milieus sich so gut verstehen.

(Niklas, 33; Carmen, 37; Kinder, 13, 4)

Daß es so gut geht, ist sicherlich nicht nur der Tatsache zu verdanken, daß die beiden verbindliche Alltagsrituale haben wie zum Beispiel das gemeinsame Abendessen. Das Entscheidende ist, daß sie ihre Rituale gegenseitig tolerieren und sich Zeit gelassen haben, sich mit den Ritualen des anderen vertraut zu machen und allmählich in die hinein zu wachsen, die sie zu den eigenen machen wollten. Auf den Kampf: „Wer hat die besseren Rituale?" haben sie offensichtlich verzichtet.

Frei für neue Rituale

Viele der alten, meist religiös geprägten Konventionen haben ihren verpflichtenden Charakter verloren. Noch vor fünfzig Jahren organisierten kirchliche Rituale sowohl das individuelle als auch das gesellschaftliche Leben, und sie wurden kaum in Frage gestellt. Sie boten den Menschen Halt und Orientierung, definierten die Stellung des einzelnen in der Gesellschaft und regulierten die Beziehung zwischen Individuum und Gemeinschaft. Sie engten aber auch gleichzeitig die persönliche Freiheit ein, da Abweichungen sanktioniert wurden und im extremen Fall auch den Ausschluß aus der Gemeinschaft zur Folge haben konnten.

Heute ist alles möglich. Man kann eine Hochzeit im „alten Stil" zelebrieren, mit weißem Kleid, Brautjungfern und großer Hochzeitsgesellschaft. Man kann mehr oder weniger heimlich standesamtlich heiraten, mit den Trauzeugen als einzigen Zeugen; oder auch eine Drive-in-Hochzeit in Las Vegas vorziehen. Und natürlich gibt es auch die Möglichkeit, ohne Trauschein, ohne jede Art von Zeremonie oder Ritual zusammenzuleben und der Gesellschaft nur durch das gemeinsame Namensschild an der Wohnungstür oder den gemeinsam besprochenen Anrufbeantworter davon Kenntnis zu geben.

Der Ausbruch aus der Enge der gesellschaftlich festgelegten Formen hinterläßt einerseits ein Vakuum, das von vielen als Mangel und Verlust empfunden wird. Diese Befreiung schafft aber andererseits auch die Freiheit für neue, eigene Rituale und für neue Gestaltungsmöglichkeiten.

Die Individualisierung von Ritualen gibt jedem die Möglichkeit, selbst zu entscheiden, welche der alten Rituale er übernehmen oder wiederentdecken, an welche er anknüpfen will, um sie neu zu gestalten und ihnen neue Bedeutung zu geben, und welche er erst entwickeln muß, weil für viele der neuen Lebensformen noch keine verbindlichen existieren.

Den veränderten Umgang mit Ritualen kann man mit einem Essen in einem Restaurant vergleichen: Während man früher nur ein Menü vorgesetzt bekam, kann man heute à la carte wählen.

Daß Rituale heute eher der Privatsphäre überlassen sind, kann auch zur Folge haben, daß Menschen die wichtigen Ereignisse ihres Lebens nicht mehr anderen mitteilen, mit anderen teilen, zelebrieren oder gemeinsam feiern, sondern den Ereignissen dadurch Bedeutung zu geben versuchen, daß sie diese zur Erinnerung mit dem Fotoapparat oder der Videokamera festhalten. Das kann zum Beispiel dann der Fall sein, wenn Eltern die christliche Taufe ablehnen und keine alternative Form finden, um das Kind durch ein Fest im Kreis der Familie und der menschlichen Gesellschaft willkommen zu heißen. Dann bleibt anstelle der Erinnerung an das gemeinsame Feiern nur das Fotoalbum „Unser Baby".

Daß bei aller Privatisierung aber offensichtlich ein ganz starkes Bedürfnis der Menschen nach Gemeinschaft bleibt, nach Zugehörigkeit und gemeinsamem

Erleben, zeigt sich nicht nur an den gefüllten Fußball-Stadien, sondern auch an den Massenritualen der neunziger Jahre, wie der Love-Parade, dem New Yorker Marathonlauf oder auf lokaler Ebene an den Stadtteil- und Straßenfesten, die in letzter Zeit wie die Krokusse aus der Frühlingswiese sprießen.

Der Mensch bewegt sich in einem Spannungsfeld zwischen zwei Polen: dem Bedürfnis nach Zugehörigkeit, Sicherheit und Geborgenheit und dem Bedürfnis nach Autonomie, Freiheit und Abenteuer. Diese Bedürfnisse sind bei verschiedenen Menschen und in verschiedenen Phasen des Lebens unterschiedlich stark ausgeprägt und stehen nur scheinbar in Widerspruch zueinander, in Wahrheit sind sie voneinander abhängig bzw. bedingen einander.

Das kleine Kind braucht ein Höchstmaß an Sicherheit und Geborgenheit. Erst aus diesem Grundgefühl heraus kann es Neugier entwickeln, das heißt den Wunsch, etwas Neues kennenzulernen, der die Grundvoraussetzung ist für Lernen und Entwicklung. Jeder, der mit Kindern zu tun hat, kennt die Situation, daß ein Kind an der Hand seiner Mutter mit einem Fremden Kontakt aufnimmt und bitterlich anfängt zu weinen, sobald sich die Mutter entfernt. Es braucht die Sicherheit der Gegenwart der Mutter, um sich etwas Neuem, einem Fremden, nähern zu können. Diese Situation wiederholt sich in ähnlicher Form in der Pubertät oder der Phase des Erwachsenwerdens: Je sicherer der Jugendliche sich aufgehoben fühlt, um so leichter kann er seine Selbständigkeit erproben.

Rituale können diese Sicherheit geben, können das Netz bilden, das notwendig ist, um sich auf das Hochseil der Freiheit zu wagen. Je kleiner das Kind ist, um so engmaschiger muß dieses Netz sein; mit dem Größerwerden des Kindes müssen auch die Maschen weiter werden, die das Kind, den Jugendlichen auffangen, ohne ihn gefangen zu halten. Während beim Baby alle paar Stunden nicht nur der Hunger, sondern auch das Bedürfnis nach Wärme und Zuwendung gestillt werden, genügt dem Jugendlichen vielleicht schon eine gemeinsame Mahlzeit am Tag, um sich aufgehoben und sicher zu fühlen. Das heißt: Im Verlauf der Entwicklung des Kindes müssen die Rituale immer wieder den sich verändernden Bedürfnissen nach Sicherheit und Selbständigkeit angepaßt werden.

Auch im Erwachsenenalter brauchen wir dieses Netz von Verbindlichkeiten, das uns Rituale bieten. Sie schaffen nicht nur eine Balance zwischen den Polen Autonomie und Geborgenheit, sie stärken auch unsere Identität, indem sie uns mit unserer Geschichte und unserer Kultur verbinden.

Liste unserer Gesprächspartner in alphabetischer Reihenfolge:

(Die Namen sind geändert, nicht die Angaben zum Familienstand)

Antonia, 60 Jahre, verheiratet mit **Philipp,**
  drei erwachsene Kinder, zwei Enkelkinder

Bernd, 50 Jahre, verheiratet mit **Elke,**
  vier Kinder, 18, 16, 14 und 10 Jahre
Beate, 38 Jahre, verheiratet,
  eine Tochter, 5 Jahre
Bertram, 40 Jahre, verheiratet mit **Ursel**
Bettina, 34 Jahre, verheiratet mit **Moritz,**
  zwei Kinder, 9 und 7 Jahre

Carla, 47 Jahre, verheiratet mit **Lorenz**
Carmen, 37 Jahre, lebt zusammen mit **Niklas,**
  ein Sohn aus erster Beziehung, 13 Jahre,
  eine gemeinsame Tochter, 4 Jahre
Carola, 58 Jahre, verheiratet mit **Eberhard,**
  zwei erwachsene Kinder, ein Enkelkind
Cecilia, 55 Jahre, verwitwet,
  zwei erwachsene Kinder
Charlotte, 42 Jahre, verheiratet,
  zwei Kinder, 10 und 7 Jahre
Christa, 41 Jahre

Cornelia, 35 Jahre, geschieden,
zwei Kinder, 11 und 7 Jahre

Dirk, 33 Jahre, lebt zusammen mit **Rieke**
Donna, 60 Jahre, verheiratet mit **Erich,**
zwei erwachsene Kinder

Eberhard, 59 Jahre, verheiratet mit **Carola,**
zwei erwachsene Kinder, ein Enkelkind
Elisabeth, 45 Jahre, verheiratet
Elke, 49 Jahre, verheiratet mit **Bernd,**
vier Kinder, 18, 16, 14 und 10 Jahre
Erich, 64 Jahre, verheiratet mit **Donna,**
zwei erwachsene Kinder
Esther, 38 Jahre, verheiratet,
zwei Kinder, 9 und 7 Jahre

Florian, 4 Jahre
Franziska, 79 Jahre, verwitwet,
Kinder und Enkelkinder

Gustav, 39 Jahre, lebt zusammen mit **Laura,**
eine gemeinsame Tochter, 8 Monate

Hanna, 41 Jahre, verheiratet,
drei Kinder, 12, 9 und 6 Jahre
Heinrich, 70 Jahre, verheiratet
Helena, 39 Jahre, lebt mit ihrem Partner zusammen
Herbert, 46, verheiratet,
zwei Kinder, 13 und 10 Jahre

Iris, 30 Jahre

Julia, 25 Jahre

Katharina, 44 Jahre, verheiratet,
ein Kind aus erster Ehe, 8 Jahre

Kilian, 50, verheiratet
Konstantin, 48 Jahre

Laura, 36 Jahre, lebt zusammen mit **Gustav,**
eine gemeinsame Tochter
Lena, 47 Jahre, geschieden, lebt zusammen mit **Norbert,**
ein erwachsener Sohn aus erster Ehe
Leslie, 40 Jahre, verheiratet mit **Viktor,**
zwei Kinder, 6 und 7 Monate
Lorenz, 57 Jahre, verheiratet mit **Carla**

Maria, 40 Jahre, verheiratet
Monika, 76 Jahre, verwitwet,
vier Kinder, acht Enkelkinder
Moritz, 35 Jahre, verheiratet mit **Bettina,**
zwei Kinder, 9 und 7 Jahre

Nadine, 33 Jahre, verheiratet,
eine Tochter, 2 Jahre
Nicole, 38 Jahre, verheiratet,
zwei Kinder, 7 und 5 Jahre
Niklas, 33 Jahre, lebt zusammen mit **Carmen,**
eine gemeinsame Tochter, 4 Jahre
Nora, 58 Jahre, geschieden,
eine erwachsene Tochter
Norbert, 49 Jahre, geschieden, lebt zusammen mit
Lena

Philipp, 61 Jahre, verheiratet mit **Antonia,**
drei erwachsene Kinder, zwei Enkelkinder

Regine, 32 Jahre
Rieke, 23 Jahre, lebt zusammen mit **Dirk**

Simon, 50 Jahre, verheiratet mit **Simone,**
eine Tochter, 16 Jahre
Simone, 49 Jahre, verheiratet mit **Simon,**
eine Tochter, 16 Jahre
Susanne, 41 Jahre, verheiratet,
zwei Kinder, 9 und 6 Jahre

Thea, 59 Jahre, geschieden,
eine erwachsene Tochter
Thomas, 28 Jahre

Ursel, 39 Jahre, verheiratet mit **Bertram**
Ute, 35 Jahre, verheiratet

Viktor, 38 Jahre, verheiratet mit **Leslie,**
zwei Kinder, 6 und 7 Monate

Wanda, 60 Jahre, geschieden,
vier erwachsene Kinder

Wir bedanken uns sehr herzlich bei all denen, die durch die Beantwortung unserer Fragen dieses Buch mit uns geschrieben haben.

Rituale

Margarethe Schindler
Heute schon geküßt? – Paare brauchen Rituale
154 Seiten, Klappenbroschur
ISBN 3-451-26188-X
Nach der ersten Verliebtheit – wie Paare glücklich bleiben. Mit konkreten Beispielen und Anregungen.

Gertrud Kaufmann-Huber
Kinder brauchen Rituale
Ein Leitfaden für Eltern und Erziehende
160 Seiten, Klappenbroschur
ISBN 3-451-23574-9
Rituale sind wichtig für die kindliche Entwicklung, aber die richtigen müssen es sein.

Margarethe Schindler
Rituale für die Lebensmitte
Dem Leben Tiefe geben
153 Seiten, Klappenbroschur
ISBN 3-451-26474-9
Rituale in der Lebensmitte helfen, den Bestand des bisherigen Lebens zu sichern und sich auf eine neue, wertvolle und lebenswerte Lebensphase einzurichten.

HERDER

Besser leben

Attila Bencsik
Wellness kommt von innen
Selbstheilung durch die Kraft der Phantasie
ca. 160 Seiten, Klappenbroschur
ISBN 3-451-26609-1
Gesundheit und glückliches Leben sind weder Zufall noch Schicksal allein. Entscheidend ist auch, welche Bilder wir von uns im Kopf haben und welche gedanklichen Vorstellungen wir in uns selbst pflegen.

Dick Richards
Folge deinem Genius
Wie wir unsere Stärke und Lebensaufgabe entdecken können
ca. 192 Seiten, Klappenbroschur
ISBN 3-451-27185-0
Jeder hat ihn – den ganz eigenen Genius. Er ist unsere innerste Motivation, die stärkste Kraft in unserer Seele, unsere ganz besondere Stärke. Ein Buch voll praktischer Anregungen, um die eigenen Stärken zu entdecken.

Anné Linden / Kathrin Perutz
Kraftquellen erschließen – erfolgreich leben
Stark mit NLP
ca. 288 Seiten, Klappenbroschur
ISBN 3-451-26882-5
Erfolgreich – beruflich wie privat – zu sein heißt vor allem zu wissen, was man will und wie man es erreichen kann, die richtigen Mittel zu finden, Ziele realistisch einzuschätzen und sich durch Widerstände nicht entmutigen zu lassen.

Carmen Renee Berry
Das tut mir gut
365 Wohlfühltips für Körper und Seele
416 Seiten, Paperback
ISBN 3-451-26606-7
Jeder Tag wird zu einer Insel – gegen Streß und Alltagsroutine. Ein Wohlfühlprogramm für das ganze Jahr.

HERDER

Leben in der Familie

Peter Adriaenssens
Kinderängste – Elternängste
Gemeinsam Mut und Sicherheit gewinnen
224 Seiten, Klappenbroschur
ISBN 3-451-26767-5
Angst kann lähmend sein, schützt aber auch vor Gefahren. Peter Adriaenssens zeigt, wie Eltern und Kinder ihre Ängste überwinden können und gemeinsam Mut und Sicherheit gewinnen.

Terri Apter
Ich schaff das schon!
Wie Kinder innere Stärke entwickeln und sich nicht entmutigen lassen
256 Seiten, Klappenbroschur
ISBN 3-451-26223-1
Kinder brauchen Selbstvertrauen. Der umfassende und nützliche Begleiter für Eltern und Erziehende durch die Phase zwischen fünf und fünfzehn.

Patricia H. Berne / Louis M. Savary
Kinder brauchen Selbstvertrauen
Tips und Ratschläge für Eltern
160 Seiten, Paperback
ISBN 3-451-23752-0
Das Fundament für ein glückliches Leben wird in der Kindheit gelegt.

Etty Buzyn
Laßt mir doch Zeit zum Träumen
Leistungsdruck und Streß abbauen – wie Eltern ihren Kindern helfen können
ISBN 3-451-26376-9
Anhand vieler Fallbeispiele macht die Autorin deutlich, wie wichtig es für die gesunde Entwicklung der Kinder ist, Freiräume zur Verfügung zu haben.

HERDER

Donna C. Corwin
Vorsicht Erziehungsfalle
Konflikte lösen und Vertrauen schaffen
192 Seiten, Klappenbroschur
ISBN 3-451-26627-X

Viele Konflikte lassen sich wie von selbst lösen, wenn wir die Verhaltensmuster, mit denen wir unsere Kinder erziehen, kennen und durchschauen. Ein Buch, das „Erziehungsfallen" aufzeigt und Mut macht.

Ruth Eder
Dauernd ist sie beleidigt
Wie Töchter und Mütter gut durch die Pubertät kommen
ISBN 3-451-26373-4

Das „Drama" der Ablösung – Rat und Orientierung für Mütter und Töchter auf dem Weg durch die Turbulenzen der Pubertät.

Hans-Jürgen Friese / Antje Friese
Manchmal habe ich solche Angst, Mama
Wie Eltern ihren Kindern helfen können
ISBN 3-451-26219-3

Im gemeinsamen, oft spielerischen Umgang mit der Angst, können Eltern und Kinder die Ängste überwinden. Mit vielen konkreten Beispielen.

Klaus Hurrelmann / Gerlinde Unverzagt
Kinder stark machen für das Leben
Herzenswärme, Freiräume, klare Regeln
ISBN 3-451-26476-5

Wärme – Regeln – Freiraum – das „magische Dreieck", das Eltern hilft, innere Stärke und Selbständigkeit an ihre Kinder weiterzugeben.

Michael Kalff
Kinder erfahren die Stille
Naturmeditationen für Kinder und Eltern
ISBN 3-451-26225-8

Michael Kalff ermöglicht Kindern und Eltern, die neuen, kleinen Dinge der Natur gemeinsam zu entdecken: So wird der „langweilige Ausflug" zu einem großen, stillen Abenteuer.

HERDER

Doro Kammerer
Zärtlicher Abschied vom Tag
Einschlafrituale für Kinder
ISBN 3-451-26365-3
Jeden Abend das gleiche Theater: Was Eltern tun können, wenn ihre
Kinder nicht schlafen gehen wollen.

Josef Könning
Kinder brauchen Lebensfreude
Was Kinder glücklich macht – und Eltern auch
155 Seiten, Klappenbroschur
ISBN 3-451-26493-5
Lebensfreude steckt in jedem von uns. Zahlreiche Tips und Übungen zeigen, wie nicht nur Kinder glücklich werden, sondern auch ihre Eltern.

Daniela Liebich
Mit Kindern richtig reden
Wirksam erzählen, ermahnen, erklären
160 Seiten, Klappenbroschur
ISBN 3-451-26155-3
Regeln und Tips für ein lebendiges Miteinander – ohne Streß und Frust.

Maria Pfluger-Jakob
Wie unser Kind sich gut entwickelt
Ein praktischer Leitfaden für Eltern
192 Seiten, Klappenbroschur
ISBN 3-451-26591-5
Ein fundierter Leitfaden für Eltern, die die Entwicklung ihres Kindes
optimal begleiten und unterstützen wollen.

Gisela Preuschoff
Kinder mit Mandalas zur Stille führen
Kreative Anregungen und praktische Übungen für Eltern und
Kinder
ISBN 3-451-26374-2
Spielerisch Ruhe gewinnen: Wie Eltern mit Kindern Mandalas malen,
basteln, achtsam betrachten oder mit dem Körper gestalten können.

HERDER

Gisela Preuschoff
Kinder zur Stille führen
Meditative Spiele, Geschichten und Übungen
160 Seiten, Klappenbroschur
ISBN 3-451-23897-7

Die Autorin gibt konkrete Tips, wie Kinder auf den Weg der Ausgeglichenheit zurückgeführt werden können.

Gisela Preuschoff
Wenn Kinder die Wut packt
Wie Eltern verstehen und helfen können
ca. 160 Seiten, Klappenbroschur
ISBN 3-451-26757-8

Wut ist bei Kinder ein normales und wichtiges Gefühl. Wie können Eltern die heftigen Gefühle der Kinder ernst nehmen, ohne gleich alles zu akzeptieren?

Ulrich Rabenschlag
Kinder reisen durch die Nacht
Schlafen, Wachen, Träumen – Die gute Nacht für Kinder
160 Seiten, Klappenbroschur
ISBN 3-451-26611-3

Wie Eltern ihren Kindern eine gute Nacht bereiten können. Praktische Tips für eine friedliche Reise durch die Nacht.

Steven Carr Reuben
Charakterstarke Kinder kommen weiter
Welche Werte unsere Kinder brauchen
221 Seiten, Klappenbroschur
ISBN 3-451-26496-X

Kinder brauchen Werte und Regeln, aber auch ein Gefühl für die eigenen Stärken und Fähigkeiten. Der Autor zeigt, wie Eltern beides vermitteln und ihren Kindern damit eine optimale Ausgangsbasis für die Zukunft geben können.

HERDER

Verena Rossetti-Gsell
Spielen – Sprache der kindlichen Seele
Erkenne dein Kind im Spiel
ISBN 3-451-26227-4

Was Kinder nicht in Worte fassen können, drücken sie oft in ihren
Spielen aus. Die Kindertherapeutin Verena Rossetti-Gsell zeigt auf, was
sich hinter bestimmten Spielen verbirgt. Eine Anleitung für Eltern, die
spielerischen Handlungen ihrer Kinder besser zu begreifen.

Karin Schaffner
Mit allen Sinnen die Welt erfahren
Geschichten und Spielanregungen für Kinder und Eltern
128 Seiten, Klappenbroschur
ISBN 3-451-26283-5

Spiel und Spaß für Erwachsene und Kinder – und wie Kinder dabei
lernen können.

Sabine Seyffert
Entspannung für gestreßte Mütter
Neue Kraft schöpfen – Phantasiereisen, Ruheübungen,
Autogenes Training
160 Seiten, Klappenbroschur
ISBN 3-451-26113-8

„Jetzt bloß ruhig bleiben!", ist der Stoßseufzer so mancher gestreßten
Mutter im alltäglichen Chaos. Sabine Seyffert stellt leichte und wirk-
same Entspannungstechniken vor, mit denen Ruhe und Gelassenheit
bewahrt werden können.

Kay Willis mit Maryann B. Brinley
Lieber glücklich als gestreßt
Die 16 Geheimnisse des glücklichen Familienlebens
224 Seiten, Klappenbroschur
ISBN 3-451-26656-3

Kay Willis erzählt aus ihrem Leben mit zehn Kindern und verrät Tricks
und Wahrheiten, die beides möglich machen: liebevoll auf die Kinder
einzugehen und Zeit für sich selbst zu finden.

HERDER